侯为贵

马化腾

马明哲

王传福

王文银

王

“致敬深商——2015年影响中国的35位深商领袖” **功勋奖**

陈少群

陈志列

黄茂如

麦伯良

汪建

万

朱保国

周国辉

翟美卿

“致敬深商——2015年影响中国的35位深商领袖” **卓越奖**

（图片提供 深圳市商业联合会）

“致敬深商——2015年影响中国的35位深商领袖” **新锐奖**

1984年10月24日，蛇口三洋电子有限公司（许光明 摄）

1984年10月24日，蛇口三洋电子有限公司（许光明 摄）

1994年深圳的建设者们（江式高 摄）

地王商业中心提前两月封顶（许光明 摄）

腾讯大厦（图片提供 深圳报业集团图片库）

赛格电子大厦（韦洪兴 摄）

大族激光集团在深圳福永拥有几十万平方米的全球生产基地（林子权 摄）

2017中国“互联网+”数字经济峰会。围绕“互联网+”赋能经济转型，中国著名经济学家周其仁、娃哈哈集团董事长兼总经理宗庆后、联想集团董事长兼CEO杨元庆、腾讯公司董事会主席兼CEO马化腾、著名财经作家吴晓波等在大会圆桌论坛上展开脑力激荡（图片提供　深圳市腾讯计算机系统有限公司）

马化腾做主题演讲（图片提供　深圳市腾讯计算机系统有限公司）

王石在深商大会做主题演讲（图片提供 深圳市商业联合会）

华为轮值CEO胡厚崑在华为全联接大会上发表题为《站在云端看世界》的演讲（图片提供 华为技术有限公司）

前海（何龙 摄）

柔宇科技创始人、董事长兼CEO刘自鸿：“未来的世界将是个掰弯的世界”（毕国学 摄）

第五届中国电子信息博览会（钟华登 摄）

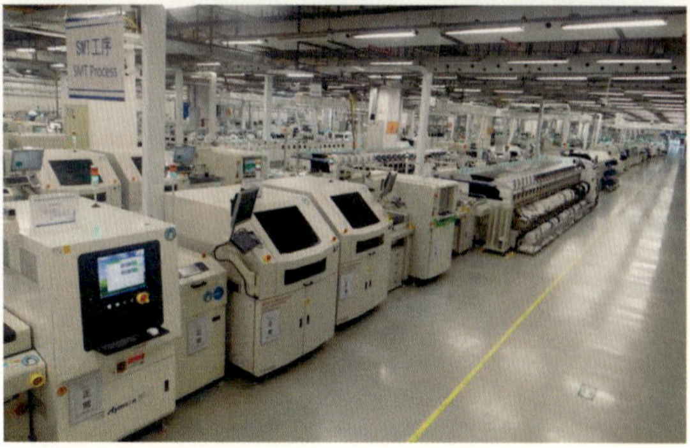

华为松山湖生产中心。松山湖生产基地终端生产线，坐落于东莞松山湖高新技术产业开发区。作为目前业界可见的自动化程度最高、生产精度最高的智能手机生产线，华为松山湖生产基地具备了从原材料、半成品加工、整机组装、测试、包装到发货的全流程能力（图片提供 华为技术有限公司）

我们深圳

009

018
深商简史
1978—2018

《我们深圳》

《我们深圳》?

是的。我们，而且深圳。

所谓“我们”，就是深圳人：长居深圳的人，暂居深圳的人，曾经在深圳生活的人，准备来深圳闯荡的人；是所有关注、关心、关爱深圳的人。

所谓“深圳”，就是我们脚下、眼前、心中的城市：是深圳市，也是深圳经济特区；是撤关以前的关内外，也是撤关以后的大特区；是1980年以来的改革热土，也是特区成立之前的南国边陲；是现实的深圳，也是过去的深圳、未来的深圳。

《我们深圳》丛书，因“我们”而起，为“深圳”而生。

这是一套“故园家底”丛书，它会告诉我们：深圳从哪里来，到哪里去，路边有何独特风景，地下有何文化遗存。我们曾经唱过什么歌，跳过什么舞，点过什么灯，吃过什么饭，住过什么房，做过什么梦……

这是一套“城市英雄”丛书，它将一一呈现：

在深圳，为深圳，谁曾经披荆斩棘，谁曾经独立潮头，谁曾经大刀阔斧，谁曾经侠胆柔情，谁曾经出生入死，谁曾经隐姓埋名……

这是一套“蓝天绿地”丛书，它将带领我们遨游深圳天空，观测南来北往的鸟，领略聚散不定的云，呼叫千姿百态的花与树，触碰神出鬼没的兽与虫。当然，还要去海底寻珊瑚，去古村采异草，去离岛逗灵猴，去深巷听传奇……

这是一套“都市精灵”丛书，它会把美好引来，把未来引来。科技的、设计的、建筑的、文化的、创意的、艺术的……这座城市，已经并且正在创造如此之多的奇迹与快乐，我们将召唤它们，吟诵它们，编织它们，期待它们次第登场，一一重现。

这套书，是都市的，是时代的。

是注重图文的，是讲究品质的。

是故事的，是好读的，是可爱的，是美妙的。

是用来激活记忆的，是拿来珍藏岁月的。

《我们深圳》，是你的！

胡洪侠

2016 年 9 月 4 日

009

序

深商赋

南方之南兮，滨海之滨；维新百年兮，新之又新。

伟人擘画，深圳圈定。志士下海，深商初成。孔雀南飞，英雄不问出处。移民创业，成败不足为凭。洗脚上田，扶犁手掌公司印。投笔从商，书生气贯生意经。

以港商为师，前店后厂厂变店。引台商投资，师其长技技更精。商业文明拿来，国际惯例为我用。五湖四海打通，商者无域真有理。敢闯，敢创，创新乃深商看家本领。求真，务实，实干是商家第一真经。

摸着石头过河，小农意识渐渐远。遵循市场导向，企业精神日日新。城市因此而变，清明上河图景现。社会从此全新，汉唐气象不如今。家国所托，三千年变局终圆梦。东西角力，大中华文明商正兴。

噫，深圳之命理在商，而商道之堂奥甚深。其为深商，无可限量，安可妄为之赋。

老亨

2017年8月8日

目录

CONTENTS

也，在当时诗人的眼里满是乡愁；在后来的创业者和冒险家眼里，却是流淌着奶和蜜的应许之地。深圳已有超过1200万的常住人口。深圳也有超过200万家的商事主体。平均每6人一个
下三类商事主体以及栖息其中的商人往往也被纳入深商族群：一是在深圳注册、在深圳经营，在深圳成长、壮大，生于斯，长于斯，最后也许溢出深圳，但其深圳血统显而易见的企业
背景的蛇口招商局；央企背景的华侨城、赛格、中海；中兴早年是一家“内引外联”的企业，如今已经“很深圳”了；深圳富士康也很难说“不深圳”了；华强三洋、赛格三星，都有
”，这样的企业也是很“深派”的。例子太多，不胜枚举。媒体爆炒过的，一是在深圳大学读过书的史玉柱创办的巨人集团，二是在深圳打过工的周群飞创办的蓝思科技，都是风头一
圳是改革开放以来最早以“商”立市的大陆城市。深圳人是改革开放以来最先被卷进现代商业涡流的大陆中国人，深圳人就是中国传统商人、近代商人在中国大陆几近绝迹之后的第一
论和民间智慧总结归纳得最好、最生动的其实首推文学。1995年，来自江苏常州的女作家文夕发表了处女作《野兰花》，接着又一发不可收地出版了《罂粟花》《海棠花》《姐妹花》
深圳人，也可以说就是深商这样的深圳拓荒者，比作自生自灭、自我求存的野生动物；说赚钱是真正的负责，是最深刻的修行。此番道理，不是亲历，绝难体会。小说《野兰花》里的
上一片静寂”，许久才有一个声音道：“每月两千元啊？是我们的七倍呀，乖乖！”于是就求托介绍工作，并寻根究底地讨论起深圳来——蒋中又问冶兰：“人们都说深圳的人有了钱
笼子里的昏睡了的狮子吧。它本性很凶猛，也很贪婪，但多少年的囚笼生活，已经改变了它，它除了昏昏欲睡，就是等饲养员送来的一日三餐；唯一清醒的时候，就是想冲破牢笼逃出去
森林里有饥寒交迫饿死冻死，它想不起来了，只是想出去，经过极大的努力，终于出去了。森林里确实是美好的，有清纯的山泉水，有鲜活的羚羊山兔，形形式式什么都有。而被控制
。它还发现如果更加努力，还能捕到天上飞翔的天鹅；谁都想吃天鹅肉，而天鹅又是那么的少，飞得那么高，那么难于得到。所以在这什么都有的林子存在着激烈的竞争，有着你死我
，迫不及待地加入搏斗，为着这永无止境的欲望，浴血奋战，不惜牺牲任何人，甚至亲戚朋友。当他们停顿下来的时候，这才发现脚底下已经是血流成河，里面有敌人的血，无辜者的
的甚至加入更残酷更激烈的战争来麻醉自己，也有的回味起牢笼里安静的日子，极少的也想再返归笼子。他们迫切地想找一点安慰和半点的借口，所以显得空虚，也是因为他们灵魂醒
精神文明也就会比内地好些。”这席话说得林远都瞪大了细长的眼睛，他很难想象这是冶兰的口里吐出来的，看来两年不到她已经成熟了许多许多。大约静了两三分钟，蒋中却拍起手
亲戚关系，和朋友关系。人与人之间的关系，我就不妨比说是两只猴子，在动物园里的时候，它们无所事事，你抱着我，我背着你，你帮我捉虱子，我帮你抓痒痒，是何等的相濡以沫
而劳碌，更要为防备豺狼虎豹的侵犯而斗争，已经没有人管束它，更没有人保护它了，它必须担任起喂养自己、保护自己及幼仔的责任了。其实它何不想有人帮它捉虱子，有人天天抱
地方就行不通了。它不可能为了腿好而饿死一大群人，腿伤了还是要吃饭，要医疗，需要钱，而他的朋友亲人，只有支援他钱才能解决问题，不像内地是公费医疗。而如果大家只是陪
什么要给钱，难道不给钱责任就推卸不了吗？不是的，而是他确实地负起了责任！你们又可以说他钱多。钱多就该给别人这道理也讲不通吧，他的钱多是靠他自己的努力得来的，自己
以为他出了几天门就卖弄起来了，忙截住了话头道：“我瞎说的你们别给当真的，我们还是喝酒吧，为我们能在一起干杯吧！说着就把杯里余下的一口酒喝了。现实的冲击、文学的启
？三千年来，强悍的北方民族为何屡犯中原而不能治，最后占领者反而被被占领者所融合消解？为什么刚刚经历了康乾盛世的满清王朝会被西方小商队的洋枪火炮打得落花流水？为什
对西方工商文明的嫁接，同时重拾中国文化的自信？
中央没有钱，靠你们自己杀出一条血路。有人说，深圳之富是内地各省市各部委各单位支援的结果，
家不仅没有税收损失，而且收获了宝贵的外汇。也有人说，深
和新价值合乎理性的创造与追求。那么深

什么说深圳是最适宜个人创业、最适合商业创意展开的
样的远大前景？深圳在粤港澳大湾区中扮演什么样的角色？就像历史上的
深圳河南岸的落马洲，透过望远镜，北望轻雾氤氲中
中惊起，飞越深圳，又猛然折了回来。”“喏！你说，福田村再过去就是水围
市最大多数的人口比例。这些商事主体以及这些个商人族
业等来深圳发展，沾了深圳的地气、经了深
30年的台湾诗人洛夫和余光中，驱车来到深圳河南岸的落马洲，透过望远
惊起，飞越深圳，又猛然折了回来。”“喏！你说，福
圳人都直接从商，但是“商人”的确占了这个城市最大多数的人口比例。这些商事主
就是这样的企业。二是中央企业、外地企业、外资企业等来深圳发展，沾了深
创过业、闯过海、厮混过日子，自觉不自觉地成了“深圳人”的人
认自己是“深圳系”的、深圳承不承认它们是“深圳系”的、公众觉不觉
现代商人。这群来历复杂的深圳商人，数量是如此之众、发展是如此之迅
把生猛海鲜似的深圳写得跟明清小说里的江南市井一般，当中就有不少“关于深
了大家好理解，下面的引述都改回“深圳”。其中说到在深圳闯荡的冶兰
越来越空虚，人与人之间除了金钱关系外，都很疏远，这是为什么呢？”冶兰端了杯子喝口酒，想了
，就是等饲 都没有了。就像现在许许多多的想出国的人一样，虽然有着一份能免饥的工资，仍想出国。
好的，有清纯的山泉水，有鲜活的羚 而被控制得什么都没有、什么都不曾有过的狮子，就什么都想得到，只要自己肯花力便可以吃到新鲜的活肉，远远超
，那么难于得到。所以在这什么都有的林子存在着激烈的竞争，有着你死我活的搏斗。深圳其实就是这么一个野生动物园，而且又是去了太多饥饿的狮子，太多的饥饿的豺狼虎豹。大
下来的时候，这才发现脚底下已经是血流成河，里面有敌人的血，无辜者的血，也有亲戚朋友的血，他们后悔、痛苦，但不敢告诉任何人。没有人知道他的所为，当然更没有人理解他
们迫切地想找一点安慰和半点的借口，所以显得空虚，也是因为他们灵魂醒着的缘故。而笼子里的狮子，因昏睡着所以它们的灵魂并没有醒，自然不会感到太大的空虚了。不过，话说
看来两年不到她已经成熟了许多许多。大约静了两三分钟，蒋中却拍起手来道：“好，好，说得好，高见，冶兰不愧是走过深圳这个大森林的人，你再给我们说说深圳的人际关系！”
你抱着我，我背着你，你帮我捉虱子，我帮你抓痒痒，是何等的相濡以沫，情深意浓。它们准点会有人喂食，更不用去提防外来的侵略和伤害，只要一心一意地发展它们的感情便可以
、保护自己及幼仔的责任了。其实它何不想有人帮它捉虱子，有人天天抱着它？但这一切都不可能了。所谓君子之交淡如水了，都因是各自为业了。其实它并没有放弃别人的友情。
人，只有支援他钱才能解决问题，不像内地是公费医疗。而如果大家只是陪他，不给他钱，他的腿能好吗？就是能好还要吃饭呢！所以哪个亲人朋友不到万不得已也不可能放弃自己的
多就该给别人这道理也讲不通吧，他的钱多是靠他自己的努力得来的，自己的血汗换来的，他没有理由要随随便便地给人，给钱是他内心深处表达感情和友谊的一种方式，也是最能表
能在一起干杯吧！说着就把杯里余下的一口酒喝了。现实的冲击、文学的启蒙，引发更深入的思考。中国古代文明中到底有没有“商”的基因？曾经富甲天下的“晋商”“徽商”为什
经历了康乾盛世的满清王朝会被西方小商队的洋枪火炮打得落花流水？为什么“洋务运动”苦心经营的北洋舰队遇到军事实力并不如己的日本舰队竟然一败涂地？中国的近代化以惨败
的深圳。深圳能否实现对西方工商文明的嫁接，同时重拾中国文化的自信？英国人亚当·斯密的《国富论》为英国工业革命探究国民财富的性质和原因，并因此被誉为“西方经济学鼻
杀出一条血路。有人说，深圳之富是内地各省市各部委各单位支援的结果，但从深圳特区成立之初开始，内地各省市各部委各单位在深圳都是赚钱的，而不是亏本的，投入少于产出，
国际惯例，国家不仅没有税收损失，而且收获了宝贵的外汇。也有人说，深圳之富是靠压榨农民工的剩余价值得来的，但内地农民、工人、技术人才、知识分子、管理精英纷纷投奔深
的搜刮与聚敛，而是源于对新财富和新价值合乎理性的创造与追求。那么深商的财富、深商的“第一桶金”到底是从哪里来的呢？港商是深商的师傅，台商更是深商的师傅，那么深商
演变成先发优势？为什么说深圳是最适宜个人创业、最适合商业创意展开的地方？从移民城市的某些天赋到一个城市的商业基因，深圳的城市气质是如何变得跟上海不一样？深商的商
么样的远大前景？深圳在粤港澳大湾区中扮演什么样的角色？就像历史上的游牧民族横扫中原大地一样，来自深圳丛林的深商也在全球市场纵横驰骋，放马由缰。这是一时野性的风
洛夫和余光中，驱车来到深圳河南岸的落马洲，透过望远镜，北望轻雾氤氲中的故国山河，耳边鹧鸪啼叫，声声扣人心弦，于是有了这篇《边界望乡》的诗句：“说着说着，我们就到
中惊起，飞越深圳，又猛然折了回来。”“喏！你说，福田村再过去就是水围，故国的泥土，伸手可及；但我抓回来的仍是一掌冷雾。”深圳河北岸的这块狭长土地，在当时诗人的眼

引言

深商，走出丛林

1979年3月16日，背井离乡30年的台湾诗人洛夫和余光中，驱车来到深圳河南岸的落马洲，透过望远镜，北望轻雾氤氲中的故国山河，耳边鹧鸪啼叫，声声扣人心弦，于是有了这篇《边界望乡》：

“说着说着，我们就到了落马洲；
雾正升起，我们在茫然中勒马四顾；
手掌开始生汗；
望远镜中扩大数十倍的乡愁，乱如风中的散发；
当距离调整到令人心跳的程度，
一座远山迎面飞来，
把我撞成了，严重的内伤。”

“一只白鹭从水田中惊起，
飞越深圳，
又猛然折了回来。”

“喏！你说，福田村再过去就是水围；
故国的泥土，伸手可及；
但我抓回来的仍是一掌冷雾。”

深圳河北岸的这块狭长土地，在当时诗人的眼里满是乡愁；在后来的创业者和冒险家眼里，却是流淌着奶和蜜的应许之地。

深圳已有超过1200万的常住人口。

深圳也有超过300万家的商事主体。

平均每4人有一个商事主体。

并非每个深圳人都直接从商，但是“商人”的确占了这个城市最大多数的人口比例。

这些商事主体以及这些商人族群，我们称之为“深商”。

当然，“深商”的内涵和外延也许还有些出入，因为如下三类商事主体以及栖息其中的商人往往也被纳入深商族群：

一是在深圳注册，在深圳经营，在深圳成长、壮大，生于斯，长于斯，最后也许溢出深圳，但其深圳血统显而易见的企业，如万科、华为、腾讯、金蝶等就是这样的企业。

二是中央企业、外地企业、外资企业等来深圳发展，沾了深圳的地气、经了深圳的风雨、长了深圳的精神，样子很深圳，骨子里也深圳起来。这样的企业有如香港背景的蛇口工业区；央企背景的华侨城、赛格、中海；中兴早年是一家“内引外联”的企业，如今已经“很深圳”了；深圳富士康也很难说“不深圳”了；华强三洋、赛格三星，都有深深的“深圳烙印”。

三是在深圳打过工、创过业、闯过海、厮混过日子，自觉不自觉地成了“深圳人”的人，他们离开深圳，到别处谋生、经营，开枝散叶，开创出各色各样的企业来。因为有了“深圳的染色体”，这样的企业也是很“深派”的。例子太多，不胜枚举。媒体爆炒过的，一是在深圳大

城市高楼密布。主体高度近600米的平安金融中心坐落于深圳福田区CBD黄金地段，是深圳的地标建筑之一（高雷 摄）

学读过书的史玉柱创办的巨人集团，二是在深圳打过工的周群飞创办的蓝思科技，都是风头一时无两的企业。当然这类企业承不承认自己是“深圳系”的、深圳承不承认它们是“深圳系”的、公众觉不觉得它们是“深圳系”的，都有些模棱两可，全凭诸君心领神会。

关于深商的研究，最早始于街谈巷议，而将这些民间议论和民间智慧总结归纳得最好、最生动的其实首推文学。1995年，来自江苏常州的女作家文夕发表了处女作《野兰花》，接着又一发不可收地出版了《罂粟花》《海棠花》《姐妹花》等四部长篇小说，共140万字，把生猛海鲜似的深圳写得跟明清小说里的江南市井一般，当中就有不少“关于深圳和深商最有趣味的说辞”。尤其《野兰花》里主人公冶兰和林远回故

东门的昨天（图片提供 深圳报业集团图片库）

乡，把深圳比作野生动物园；把深圳人，也可以说就是深商这样的深圳拓荒者，比作自生自灭、自我求存的野生动物；说赚钱是真正的负责，是最深刻的修行。此番道理，不是亲历，绝难体会。

小说《野兰花》里的深圳，名叫“深海”，是为了避免犯讳。其中说到在深海闯荡的冶兰和林远回老家过年与好友团聚的情形，说起在深海每月有两千元左右的收入，话音刚落，“整张台子马上一片静寂”，许久才有一个声音道：“每月两千元啊？是我们的七倍呀，乖乖！”于是就求托介绍工作，并寻根究底地讨论起深海来——

蒋中又问冶兰：“人们都说深海的人有了钱，精神就越来越空虚，人与人之间除了金钱关系外，都很疏远，这是为什么呢？”冶兰端了杯子喝口酒，想了想道：“我也只能这样说了，人们原先都把我们中国比作沉睡了的狮子，我不妨说中国的人似关在笼子里的昏睡了的狮子吧。它本性很凶猛，也很贪婪，但多少年的囚笼生活，已经改变了它，它除

1989年6月，蛇口凯达玩具厂有2000名女工，同时开餐（江式高 摄）

了昏昏欲睡，就是等饲养员送来的一日三餐，唯一清醒的时候，就是想冲破牢笼逃出去，其他什么想法都没有了。就像是现在许许多多的想出国的人一样，虽然有着一份能免饥的工资，仍想出国。就像狮子一样总觉得原始森林里好，原始森林要经过怎么样的艰苦奋斗才能觅到食物，它已经忘了，原始森林里有饥寒交迫饿死冻死，它想不起来了，只是想出去。经过极大的努力，终于出去了。森林里确实是美好的，有清纯的山泉水，有鲜活的羚羊山兔，形形式式什么都有。而被控制得什么都没有、什么都不曾有过的狮子，就什么都想得到，只要自己肯花力便可以吃到新鲜的活肉，远远超过笼子里喂的死骨腐肉。很快它就发现在森林里还有豺狼虎豹，有竞争，血肉捕斗才能抢到鲜美的山兔。它还发现如果更加努力，还能捕到天上飞翔的天鹅；谁都想吃天鹅肉，而天鹅又是那么少，飞得那么高，那么难于得到。所以在这什么都有的林子存在着激烈的竞争，有着你死我活的搏斗。深海其实就是这么一个野生动物园，而且又是去了太多饥饿的狮子，太多饥饿的豺狼虎豹。大家进了这个野生动物园里，面对花花世界，什么都不曾有过，所以什么都想占有，恨不能一下子全部占有，迫不及待地加入搏斗，为着这永无止境的欲望，浴血奋战，不惜牺牲任何人，甚至亲戚朋友。当他们停顿下来的时候，这才发现脚底下已经是血流成河，里面有敌人的血，无辜者的血，也有亲戚朋友的血，他们后悔、痛苦，但不敢告诉任何人。没有人知道他的所为，当然更没有人理解他，同情他，他需要安慰，需要掩饰错误借口。因为找不到借口，灵魂便不得安宁，人显得十分空虚，有的甚至加入更残酷更激烈的战争来麻醉自己，也有的回味起牢笼里安静的日子，极少的也想再返归笼子。他们迫切地想找一点安慰和半点的借口，所以显得空虚，也是因为他们灵魂醒着的缘故。而笼子里的狮子，因昏睡着所以它们的灵魂并没有醒，自然不会感到太大的空虚了。不过，话说回来，深海的建设成就还是有目共睹的。也许，随着经济的高速发展，深海人要求精神的东西会更多，精神文明也就会比内地好些。”这席话说得林远都瞪大了细长的眼睛，他很难想象这是冶兰的口里吐出来的，看来两年不到她已经成熟了许多许多。

大约静了两三分钟，蒋中却拍起手来道：“好，好，说得好，高见！冶兰不愧是走过深海这个大森林的人，你再给我们说说深海的人际关系！”冶兰看着林远，她实在是不想说了。林远见状，只得接了口道：“人与人之间的关系好的方面，不外是亲戚关系和朋友关系。人与人之间的关系，我就不妨比如说是两只猴子，在动物园里的时候，它们

富士康清湖招聘中心门前等待体检的应聘者（张小禹 摄）

无所事事，你抱着我，我背着你，你帮我捉虱子，我帮你抓痒痒，是何等地相濡以沫，情深意浓。它们准点会有人喂食，更不用去提防外来的侵略和伤害，只要一心一意地发展它们的感情便可以了。但当它们回到森林后，饥饿便向它袭来，它不可能再一任你抱着我，我背着你了。它要为一口之餐而劳碌，更要为防备豺狼虎豹的侵犯而斗争，已经没有人管束它，更没有人保护它了，它必须担起喂养自己、保护自己及幼仔的责任了。其实它何不想有人帮它捉虱子，有人天天抱着它？但这一切都不可能了。所谓君子之交淡如水了，都因是各自为业了。其实它并没有放弃别人的友情。再比如说，有一只猴子跌伤了腿，在动物园里的时候，别的猴子可以整天背着它，陪着它，但在深海那个地方就行不通了。它不可能为了腿好而饿死一大群人，腿伤了还是要吃饭，要医疗，需要钱，而他的朋友亲人，只有支援他钱才能解决问题，不像内地是公费医疗。而如果大家只是陪他，不给他钱，他的腿能好吗？就是能好还要吃饭呢！所以哪个亲人朋友不到万不得已也不可能放弃自己的工作来的，因为这是他们的生命！我们不能把给钱当成是推卸责任，其实这是负起责任呢！我们再试想为什么要给钱，难道不给钱责任就推卸不了吗？不是的，而是他确实地负起了责任！你们又可以说他钱多。钱多就该给别人，这道理也讲不通吧，他的钱多是靠他自己的努力得来的，自己的血汗换来的，他没有理由要随随便便地给人，给钱是他内心深处表达感情和友谊的一种方式，也是最能帮助亲人朋友解决问题的一种最实际的方式了！”林远说着，蓦地想起自己怎么一开口就讲了这么多，人

东门（吕翔 摄）

2017年1月14日上午，华强北商业步行街正式开街（何龙 摄）

家以为他出了几天门就卖弄起来了，忙截住了话头道：“我瞎说的你们别给当真的，我们还是喝酒吧，为我们能在一起干杯吧！”说着就把杯里余下的一口酒喝了。

现实的冲击、文学的启蒙，引发更深入的思考。

中国古代文明中到底有没有“商”的基因？曾经富甲天下的“晋商”“徽商”为什么没能成为中国社会的主流？当代“深商”与古代晋商、徽商，与近代沪商，有什么本质上的不同？

三千年来，强悍的北方民族为何屡犯中原而不能治，最后占领者反而被被占领者所融合消解？为什么刚刚经历了康乾盛世的清王朝会被西方小商队的洋枪火炮打得落花流水？为什么“洋务运动”苦心经营的北洋舰队遇到军事实力并不如己的日本舰队竟然一败涂地？中国的近代化以惨败收场，中国的现代化命运又将如何？20世纪70年代末期源于深圳的改革开放实在是中国近代以来梅开二度的重放，历史曾经把中国近代化的机遇赐给被动开放通商的上海，却把中国现代化的机遇赐给主动改革开放的深圳。深圳能否实现对西方工商文明的嫁接，同时重拾中国文化的自信？

英国人亚当·斯密的《国富论》为英国工业革命探究国民财富的性质和原因，并因此被誉为“西方经济学圣经”。而探究中国商人的“原富”却往往会变成追究中国商人的“原罪”。深商的财富也曾经屡屡被追问。有人说，深圳之富是国家投资的结果，但中国改革开放总设计师

深圳首个大规模实施装配式建筑的公共建筑项目——万科云城（图片提供　深圳报业集团图片库）

“3+3”循环式立体充电机。该设备具有占地小、操作易等特点，土地和成本节约优势更加明显（吴铠峰　摄）

邓小平早就说过：中央没有钱，靠你们自己杀出一条血路。有人说，深圳之富是内地各省市各部委各单位支援的结果，但从深圳特区成立之初开始，内地各省市各部委各单位在深圳都是赚钱的，而不是亏本的，投入少于产出，是深圳改革开放的受益者。有人说，国家虽然没有给深圳直接投入多少资金，但是通过免税等政策转移了国库收入，但深圳一开始就作为出口加工区，进口是为了出口，进口技术、原材料、机器设备生产出口商品，符合国际惯例，国家不仅没有税收损失，而且收获了宝贵的外汇。也有人说，深圳之富是靠压榨劳务工的剩余价值得来的，但内地农民、工人、技术人才、知识分子、管理精英纷纷投奔深圳不是为了受“剥削”，而是为了赚大钱，深圳工资是内地收入的数倍，深圳是淘金之城，不是苦难之地。深圳之富，不是天上掉下来的，也不是国际资本“施舍”来的。深圳的繁荣不是来自对既有财富不择手段的搜刮与聚敛，而是源于对新财富和新价值合乎理性的创造与追求。那么深商的财富、深商的“第一桶金”到底是从哪里来的呢?

港商是深商的师傅，台商更是深商的师傅，那么深商这个徒弟是什么时候出师的？深商作为徒弟是什么时候开始超越师傅的？是什么标志着深商的“成人礼”？深商由此获得了什么样的商业特质、商业禀赋和商业精神?

为什么说深圳是最适宜个人创业、最适合商业创意展开的地方？从移民城市的某些天赋到一个城市的商业基因，深圳的城市气质是如何变得跟上海不一样的？深商的商业文化与近代上海十里洋场的商业文化相比有了什么样的变化？上海的重新崛起会遮掩掉深圳和香港的光芒吗，就像近代上海一扫昔日广州的辉煌？

在全球经济版图中，深圳处于什么样的位置？粤港澳大湾区有什么样的远大前景？深圳在粤港澳大湾区中扮演什么样的角色？就像历史上的游牧民族横扫中原大地一样，来自深圳丛林的深商也在全球市场纵横驰骋，放马由缰。这是一时野性的风生水起，还是有着制度和文化支撑的商业生长？在人类商业史上，深商会留下什么样的精神财富？面对不确定的未来，深商又将如何成长为一股真正引领风骚的商业力量？

深商，作为**商帮新锐**，作为新粤商的一分子，在短短30多年的时间里，**孕育出了**与众不同的商业精神和商业气质，为粤商未来的发展带来了**全新的变数**。

第一章

从殷商到深商：中国商帮之大势

中国的农耕社会绵长持久。直到近代，中国的农业生产方式基本上与汉、唐无异。黄河依然决堤，秦时修建的灌溉工程依然在用，孔子的农业社会伦理依然遵循。人们植谷种菜，纺纱织麻，田园牧歌一唱千年。四大发明，并没有带来生产方式的革命性改变。4亿人口的重压让传统的农业生产方式危如累卵的时候，恰逢用工业技术武装起来的西方商业舰队乘风破浪而来，绵延数千年之久的中国农业文明终于迎来了“三千余年之一大变局”。

“商人”的来历

商，据说最初是个原始部落的名字，部落始祖契跟随大禹治水有功，领封于河南商丘。契的第十代孙王亥擅长放牧、经商。王亥的第四代孙汤灭夏，迁都于殷，故商又称殷。武王伐纣，天下为周，殷人心有未甘，他们乘机叛乱，被周公平定。作为对“顽民”的惩罚，殷人被剥夺了土地。没有土地怎么谋生？那就只好拣回老祖宗的行当——东奔西跑做买卖。做买卖是很辛苦的事情，比庶民种地还要辛苦、还要不稳定，贵族们是不屑去做这种事情的。只有作为“贱民”的殷人才被迫成为中国最早的、靠做买卖谋生的族群。做买卖的殷人自称是商人，所以“商人”就成了历代中国生意人、买卖人的代名词了。这样看来，“殷商”恐怕要算中国最古老的商人群体了。

秦汉之制：重农、重官、不重商

秦汉以前，商人尚多风流倜傥之士。到秦始皇时，商人必须编入市籍，在籍的商人及其子孙，与犯罪的官吏和赘婿一样，都在谪戍之列，即随时都可能被押往边疆服役或定居。汉高祖废了秦始皇的许多苛政，但汉朝对商人的迫害却有过之而无不及。例如，汉高祖规定商人不得穿丝绸衣服，不得乘车，不得购买土地，还必须与奴婢一样，加倍交算赋钱。汉武帝时期，为了集中财力对匈奴作战，采取盐铁官营等行政手段调配经济资源，厚利归诸府库，范蠡的“积著之理”、管仲的“轻重”之论，逐渐被桑弘羊的“盐铁论”取代。中国商人的生存环境更加窘迫，中国商人群体从此更加式微，《史记》所描述的“富商大贾周流天下”的情形从此不再。

大运河，大商机，徽商肇始

隋代开辟大运河，宋代长期南北对峙，为商业发展带来了机会。如徽商，中国明清时期最杰出的商帮，其崛起就始于南宋。徽州粮食产量低，但特产却很丰富；陆路交通困难，水路交通却还算方便；于是他们将境内丰富的土特产输出销售，再将本地需要的产品从外地运进来。长途贩运，形成了徽商的“途程”观念。途程是指地理、水陆交通路线方面的知识。这些知识帮助徽商介入了以京杭大运河为南北动脉的漕运生意。而漕运经验又帮助徽商取得了“盐纲”的经营权。漕运和盐业实在是富甲天下的徽商登峰造极的产业奥秘。

开中法，开边贸，晋商崛起

与徽商差不多同时代，在中国长江中下游一带和黄河中下游一带，相继出现晋商、龙游商、洞庭商、江西商、福建商、广东商、陕商、山东商、宁波商等十大商帮。其中，山西、陕西商人崛起的机缘是明代的“开中法”。所谓“开中法”，是明政府仿效宋朝的“折中法”，于洪武年间制定的“召商输粮而与之盐”的解决北边驻军军饷的政策。其具体方法是商人把粮食运到边境粮仓，政府在收到粮食后，向商人发放贩运食盐的盐引，商人可凭盐引到指定的盐场去支取食盐，再到政府规定的销盐区去销售食盐，获取利润。有地利之便的山西商人就蜂拥而至，从而奏响了明清晋商兴起的序曲。

徽商的“贾而好儒”与晋商的“学而优则贾”

十大商帮中，以徽商和晋商最为著名。所谓“富室之称雄者，江南则推新安，江北则推山右”（谢肇淛《五杂俎》），指的就是徽州、山西商人。徽商和晋商之所以盛极而衰，是因为这两大商帮始终是作为封建王朝的附属物而存在的，从来就没有真正成为独立商业力量的可能。徽州是南宋大儒朱熹的故里，“学而优则仕”的“儒风独茂”。但是徽州人穷，读不起书，做不了官，所以发奋经商，赚了钱，回过头来让子孙读书、做官。经商是徽州人的手段，不是目的。徽商积聚的巨额财富没有作为扩大再生产的资本追加，而是替“官本位”的新安理学买了单。

与徽商的“贾而好儒”不同，晋商家族的重要传统之一是“学而优则贾”。据说晋商家族中一二流的读书子弟去经商，三四流的子弟才去参加科举考试，甚至出现过获得功名后不做官而从商的进士。当地流传着“有儿开商店，强如坐知县”“生子可作商，不羡七品空堂皇；好好写字打算盘，将来住个茶票庄”的民谚。晋商能够后来居上，成为“海内最富”，气度与实力都盖过江南富庶之地的徽商，实在与山西人崇信

“管鲍遗风”、把经商视为“陶朱事业”有莫大的关系。

“财神”的“义”与儒教的“义”

晋商有自己的信仰，关公就是山西商人发明的“财神”。徽商发源于朱子的故乡，晋商则发源于关公的故乡。对晋商而言他们赖以生存的宗教就是关帝崇拜，这种崇拜与新教和资本主义的相互作用类似。流布天下的晋商信用正是通过崇宁殿中袅袅的香烟而火尽薪传。可以说，如果没有关帝崇拜就不可能有晋商持久的繁荣。今日的闽粤港台与海外华人对关帝崇拜仍如此盛行，与晋商的影响不无关系。

关公崇拜的核心价值观是“义”。对于这个“义”，不同的人有不同的理解：正直商人理解为“重然诺，守信用”；绿林好汉可以理解为“江湖义气”；封建正统可以理解为“三纲五常”；儒门士子可以理解为“重义轻利”。正是这个包罗万象的“义”，成就了晋商，也束缚了晋商，妨碍了晋商对商业利益的彻底追求，妨碍了晋商票号向现代银行业的自然演进，妨碍了晋商对外来商业文明的虚心学习。晋商好不容易在“官本位”问题上有所突破，却在“义”“利”问题上最终摆脱不了儒家传统的窠臼。

浙东学派的“义利观”

在号称“人文渊薮”的浙东，率先出现了令人耳目一新的“义利观”。“浙东事功学派”注重务实，讲求事功，强调经世致用，与朱熹的“理学”、陆九渊的“心学”大异其趣。

山东大儒吕祖谦客居浙江后，重力行，轻言说，流风所及，开讲求实际功效的浙东学派之先河；永康人陈亮极力倡导“义利双行”的事功之说，在与朱熹的辩论中宣扬功利主义；以叶适为代表的永嘉（今温州）学派提出“以利和义”，用功利来衡量义理，主张“通商惠工，以国家之力扶持商贾，流通货币”“不以义抑利”，认为义理不可脱离功利，“既无功利，则道义者乃无用之虚语耳”，把“利”排在“义”的前面。“利”字当头，彻底摆脱了传统儒学对民间商业的思想束缚，叶适因此被尊为温州“商圣”。

从南宋的浙东学派，到明末王阳明的“新四民”论，到黄宗羲全面批判封建制度的“工商皆本”论，“新义利观”支撑着浙江商帮发展壮大。直至改革开放以来，温州商人有如“沙漠玫瑰”，遇合适气候就迅即复苏盛开，影响遍及海内外。倘若不从历史文化基因的层面来分析，实在难以理解浙商顽强的生命力。

海洋商帮的兴替

十大商帮中，内陆商帮在大陆农耕文明中的作用与地位一直有限，他们在传统封建体制内折冲樽俎，虽然多有斩获，但是始终难以突出重围，这一部令人扼腕的商帮悲喜剧已经写不出历史的新意。只有江浙商人、福建商人、广东商人表现出了较明显的海洋商帮的气质。浩瀚的海洋给了含蓄、内敛、温和、文静的农业文明新的血液、新的基因、新的广阔无垠的想象空间。

宁波地处中国海岸线之中端，扼南北水路之要冲，又有天然良港，自古就是重要的商贸口岸，“唐宋市舶，遥达海外”，元代“番货海错，俱聚于此”。明代海盗盘踞的双屿岛堪称全球性的贸易中心，仅葡萄牙人就有1,200人，史称“16世纪的上海”。双屿岛之后，福建的浯屿港、月港、漳州，先后成了新的贸易中心。最后，葡萄牙人被赶到了广东珠江口，通过贿赂都指挥使黄庆，才在澳门安顿下来。

闽商向海而生，一度成为中华文明在世界各地的使者，许多世界重大历史事件都与之相关。目前已知最早的一部外文辞典，是爪哇传教士于1628年编纂的“中文（闽南语）—荷兰语—拉丁语”三语辞典。17世纪法国著名思想家孟德斯鸠的中国老师是随海外商船到欧洲的福建兴化人黄嘉略（1679年—1716年）。英国人和荷兰人为了争夺与闽商进行茶叶贸易，而爆发了1652年的第一次英荷之战；美国人和英国人在印度的公司，因为与闽人的茶叶贸易的矛盾激化，最后演变成美国独立运动的导火线；英国人为平衡支付与闽商的茶叶贸易巨额逆差，在印度大量种植鸦片，并运销中国，从而导致中英鸦片战争。

潮州男儿打小出海谋生、经商做生意，这被看成天经地义的事情，无可争辩，亦无须教诲。潮商的“红头船”以中泰米市为基础形成了近代汕（汕头）、香（香港）、暹（泰国）国际贸易圈，并且处于西洋商人都无法撼动的垄断地位。1949年后，挟资金、技术、人才优势的上海商人蜂拥入香港，潮商转而在塑胶、制衣、钟表、眼镜等制造业领域艰苦创业，并很快后来居上，重新从上海商人手中夺回了香港商埠的主导权，其中，李嘉诚成为潮商神话的代表。

广州，千百年来市舶昌盛，中外商贾趋之若鹜。乾隆二十一年（1757年），国门紧锁，独留“一口通商”，广州十三行成为唯一官设海外贸易“特区”，独享外贸垄断特权。十三行的行商后来改由“身家殷实之人”承充，在清政府和外国商人之间充当中间人，成为中国最早的买办商人。上海开埠后，西方商人纷至沓来，广东的买办商人与西方人同时赶往上海。1830至1900年70余年间，上海、香港、广州、天津、汉口、九江各商埠四家英国洋行的买办中，广东人占十分之九。广东人唐廷枢，一家三代都是买办；徐润参与创办了开平矿务局、轮船招商局等新式企业；郑观应，不仅是“商战”的提倡者，还是中国第一个主张实行君主立宪制的人。

在中西砥砺的初始阶段，双方互不知晓根底，买办商人居中通融，左右逢源，游刃有余，不仅是商业中介，同时也是政治和文化中介。“他是一个商人内部的另一个商人”，凭借着这种特殊的身份和地位，他能“顷刻间千金赤手可致”。

随着东西方文明的深度纠缠，小心翼翼的商业探险演变成你死我活的利益争夺，买办商人生存空间变得日益紧窄。一方面，随着洋人越来越熟悉中国，西方商业公司管理日益严苛，买办商人的获利空间越来越小；另一方面，重官抑商的近代洋务运动给民间商人带来新的歧视，官办企业非但无法阻止西方商业力量的长驱直入，而且釜底抽薪，以行政手段与民族工商业者抢夺资源。以买办商人为代表的近代民族工商业者，左不着边，右不靠岸，欲西不得，欲东亦不能，始终没有独立的政治经济地位，处境十分尴尬。

从国民政府战时统制经济，到中华人民共和国成立后的公私合营、社会主义改造、“文化大革命”，中国大陆私营工商业被消灭殆尽，但是迁徙到海外的中国商业力量却没有湮灭。香港、澳门、台湾地区是华商的重要聚集地，此外闽商在菲律宾，潮商在泰国、马来西亚、新加坡，客家商人在印度尼西亚等地都有持续的经营，旅欧、旅美华商也在各地“唐人街”辛勤耕耘。这些散布全球的星星之火，助长了日后中国商业复兴的燎原之势。

深商：改革开放后的新粤商

改革开放以前，“广交会”是中华人民共和国唯一对外贸易窗口。从1978年到1993年，整整15年，依然是广东外贸独占的时期。这与历史上的“一口通商”似乎有着相似性。1993年扩大开放，特别是2001年12月11日中国加入WTO（世界贸易组织）以后，一个对外全面开放的时期到来了，这与历史上的“五口通商”“门户开放”似乎又有着一定的相似性。从这个意义上说，20世纪70年代末80年代初开始的中国改革开放实际上是近代国门被炮火轰开以来的重新开放。

新一轮对外开放，首先得到了海外华商的成全。从香港招商局的蛇口开发，到罗湖港商的纷至沓来，从台商IT产业的大举内迁，到新加坡等海外华商的蜂拥而入，中国的这一轮改革开放其实并非“摸着石头过河”，而是有一大批华资背景的海外商人“手把手”的教导。

20世纪八九十年代，珠江东岸包括深圳、东莞、增城及惠州等城市密切配合香港，大力发展“三来一补”企业。在缺资金、缺技术、缺人才，甚至连优质原料与成熟市场都严重缺乏的境况下，从生产加工环节开始介入国际经济的分工与合作，进而在管理创新、技术创新、品牌创新等方面逐步突破，最终成为世界工厂，成为世界上新的经济创新地。这是“亚洲四小龙”曾经走过的路，也是珠江东岸城市、苏南和内地诸多城市先后在走的路。所不同的是，看谁的悟性更好，谁更能把握个中的尺度、节奏以及稍纵即逝的商机，及时升级和蜕变。

珠江西岸的广州、南海、顺德、佛山、中山等城市则背靠国际、剑指本土，凭借先行一步的地缘优势，将国外先进技术、全新理念及时尚消费品引进来。整个20世纪80年代，广东的抽油烟机、洗衣机、冰箱、录音机、电视机、电子表、遮阳伞、弹簧秤、尼龙袜、柔姿纱、T恤衫、饮料等风靡中华大地；其中较为有名的又有乐从的家私、顺德的家电、南海的陶瓷、中山古镇的灯饰、沙溪的牛仔布等，这些代表的不仅仅是新的商品，更是新的生活方式、新的生活理念。

一个新的“现代商帮”诞生了！

这就是开风气之先，喝“头啖汤”、吃“第一只螃蟹”的新粤商。

在一个商业基因被彻底阉割的社会里，是新粤商带来新的商业元素、带来新的生命冀望。人们真诚地悦纳满口“鸟语”的广东商人，不仅仅是因为他们有好的商品，更因为他们是新商业文明的信使，是光明的使者，是第一只从窗外飞进来的衔着橄榄枝的鸽子。

1978年底，当邓小平提出让“一部分地区、一部分企业、一部分工人农民”的收入先多一些、生活先好起来时，并没有确定是哪些地区；中央提出有些地区可以先走一步时，也没有一个明确的对象。广东可以争取，其他省也可以争取；深圳、珠海、汕头可以争取，上海、大连、秦皇岛、天津、温州、宁波、烟台、青岛、北海等城市也一样可以争取。中央并没有特别垂青广东。然而，全国上下，北京是雷打不动的，上海是左右观望的，只有广东看准了这个千载难逢的机会，全力争取，这才“赌”来了广东改革开放40年的大好局面。

“粤人好赌”，广东人历来有“赌”的胆量、有“海国超迈之意量”。在广东，花会、番摊、山铺票、白鸽票、闱姓、字花、麻雀、天九、纸牌、诗票、牛牌、彩票，乃至斗鸟、斗鸡、斗蟋蟀、赌波、赌六合彩，五花八门，无不可赌。“终须有日龙穿凤，唔信成世裤穿窿。”在事业上，他们像赌徒一样寻找机会，一旦看准了机会，就会毫不犹豫地下注，甚至把身家性命押下去也在所不惜。广东人的性格，有两个特点是与赌相关的，一个是“愿赌服输”，赢就是赢，输就是输，输了也不怨天尤人，只怪自己运气不好；另一个是“有赌未为输”，输了还可以从头再来，屡战屡败，屡败屡战。投资有风险，商场无必胜，此乃常识。北方人是“利不十，不变法”，但世上没有百分之百赢利的好事。只要利大于弊，得大于失，广东人就会义无反顾。

广东人的心态是开放的，而且这种开放是全方位的。不仅向港澳、向西方文化开放，也向北向东向南开放，广东人并不独宠“白皮肤蓝眼睛”。广东商人走遍全球，不但对海外开放，对内地也呈现强烈的开放态势。晋商的没落，主要是由于他们墨守成规，不思进取，死守着一个自我封闭的体系，既不肯向外开拓，亦不准外人染指，抱着“以末致富，以本守之”的老观念不肯改变。清朝时朝廷组建国家银行时，一再邀请山西票号入股，都遭到断然拒绝。当中国开始向现代社会转型时，晋商还继续以万历年代的方式去经营，其黯然衰落的命运，当然是无可避免的。广东人则深明开放的道理：一个地方要保持长久的活力，就要持开放的态度，不断求新，不断求变，不断有新鲜血液的加入，社会才有进步。倘若没有改革开放以后大批新移民的涌入，哪里会有深圳这样的新城市崛起呢？广东人常说：“拜的神多自有神庇佑。”这是一种长线投资。打开大门，欢迎三江客，广纳四海财，有钱大家一起赚，表面上好像损失了一些市场份额，但从长远看，只要有好的游戏规则，蛋糕是可以愈做愈大的。在广东人看来，最重要的不是生意赚多赚少，而是公平与否。所谓“米贵大为是”（米贵对大家都一样），贵也不是贵我一个。恰恰由于他们有这种从容、大度、平常心，所以生意的成功率反而比别人高，赚的钱反而比别人多。广东是佛教的“西来初地”、禅宗的发祥地，深谙禅理的广东商人自有其高明的商业哲学、商业智慧。

粤商生生不息的生命力，就在于能容纳新的人、新的想法，能容许新的商业基因不断加入。正是因为粤人的宽容和悦纳，深圳，成为北方移民、北方文化在广东的“飞地”；深商，作为商帮新锐，作为新粤商的一分子，在短短近40年的时间里，孕育出了与众不同的商业精神和商业气质，为粤商未来的发展带来了全新的变数。

工商文明之路，意大利人探索**1000多年**，英国人探索了**500多年**，法国人和美国人探索了**20多年**，日本人探索了**100多年**。中国人自鸦片战争被迫门户开放以来，**于20世纪后期**，主动开放，向西方学习。

第二章

从威尼斯到深圳：商业文明之轨迹

威尼斯：现代商业文明的原点

现代商业文明的原点应该是欧洲中世纪的新城市——威尼斯。

威尼斯原本是仅有一连串珊瑚小岛的滩涂之地，“处于咸水沼泽之中，无土地可耕，无石可采，无铁可铸，无木材可做房舍，甚至无清水可饮。”但是威尼斯城距大陆两里（1千米）之遥，中间水道错综复杂，地势险要，易守难攻。大约在公元五六世纪，一批逃避战乱的难民在这片蛮荒之地建起了最初的城市。险要的地势、恶劣的自然条件，使得这里几乎成了一个统治的真空地带，加之归属权不断变动，后来的威尼斯名义上隶属东罗马帝国，实质上完全处于独立的地位，成为一个自由城市。

在自由宽松的环境下，威尼斯人把所有精力用于维持生存、完善最佳的谋生手段上去。他们从自身的实际出发，选定商业作为生存之本。由于缺乏可耕地，威尼斯人只有向大海索取生存资源。从地中海制盐，然后贩运到缺盐的欧洲内陆，威尼斯商人因此赚到了自己的第一桶金。“没有黄金人们可以生存，但盐是不可缺少的。”联想到中国古代商帮如徽商、晋商的崛起也都与盐业有关，这说明在自给自足的农业文明中，适合长期商业化运作的产品、产业其实是非常有限的，这一点，

威尼斯（孙奕天 摄）

中、西并无二致。

相对于意大利半岛而言，威尼斯偏居一隅，但是从商业角度而言，威尼斯远离欧洲大陆的中心，居于阿拉伯文明、拜占庭文明和西欧大陆文明的交界点上，反而可以不受传统的羁縻，充分利用三大异质文明间种种有利的商业机会。威尼斯不受西欧大陆政治经济演变的影响，它名义上信奉天主教，但是它不受教皇的约束。教皇无权决定威尼斯的主教和高级僧侣，威尼斯的主教必须由威尼斯参议院提名，只需通知教皇。威尼斯与君士坦丁堡和阿拉伯有频密的联系，威尼斯人一直奉拜占庭帝国为正统，而拜占庭正是一个商业发达的地区。当时的拜占庭有着相对于西欧更加完善的商业组织和商业技巧，有着更多鼓励商业发展的政策，这使得威尼斯得以学习拜占庭的高度文明、熟练的技艺与经商的方法。威尼斯人还不顾欧洲的禁令，与基督教世界的敌人——阿拉伯伊斯兰教世界保持贸易往来，来自阿拉伯的奢侈品为威尼斯人带来了丰厚的商业利润。

然而，威尼斯的卓越远非止于此。

威尼斯之所以成为现代商业文明的原点，主要是因为威尼斯商人完成了两桩大事：一是完成了城市与商人的结合。威尼斯商人不再是像犹太商人那样无根的流浪人，而是有了自己的基地，即城市和市集。威尼斯堪称是纯粹的商人的天下，贵族和平民之间并没有严格意义上的界限，平民可以依靠经商致富，成为贵族，威尼斯人相互之间的区别实际上只是富裕商人和贫困商人的区别。威尼斯城是所有威尼斯市民、所有威尼斯人的城市，而古雅典和古罗马城邦中的“公民”实际上只是奴隶主贵族，这些贵族只占城邦人口的极小部分。 二是威尼斯人在商业城邦的管理上走上了彻底的商人自治共和之路，使得以往分散的商业活动得以整合成强大的商业力量，使得以往被视为边缘和补充的商人和商业

威尼斯（孙奕天 摄）

活动开始成为一个社会的中流砥柱和最重要的中心事务。商业公司和商业活动股份化，整个威尼斯城就是一个大股份公司，参议院决定威尼斯的一切大事，行会是威尼斯商业管理的最重要机构。当时的威尼斯有多少种商业活动便有多少不同的行会，“敲钟者和游吟诗人，制蜡烛者和杂货商，修路人和织布工，都有自己的行会”。作为一种自治机构，行会在维持城市秩序，规范商业、手工业及至市场等方面，居功至伟。有关的商业惯例、城市宪章和行会契约成为后来商业法、城市法的直接渊源。现代商业文明的种子由此孕育，一旦风调雨顺，就可生根发芽、开花结果。

城市的复兴和西欧商业力量的崛起

商人与城市的结合，导致了城市的复兴。除了威尼斯这样的新兴、独立城市以外，更多的城市是商人以谈判和斗争获得特许状的方式被承认的。如1155年法国国王路易七世颁发给洛里斯的特许状，详细列明城市本身和城市居民的权利与自由。通过特许状获得城市整个地域的自由和法定地位以后，城市的商人和手工业者也就同时获得了自主管理的权利。行会和市政府普遍以自治的方式设立起来，以便利商业活动的开展为第一原则。

商业力量还溢出城市，弥漫城际。大约从13世纪开始，在一直不起眼的北部欧洲，兴起了一个强大的商人集团，它的力量甚至可以和当时任何政治力量抗衡。那就是：汉萨同盟。汉萨同盟是为了共同的商业利益而建立的城镇联盟，它松散到没有任何稳定的组织架构，没有有效的法律地位，唯一能体现汉萨同盟的存在和权威的是汉萨同盟会议。但是汉萨同盟会议制定和修改商业宪章，与外国城镇和统治者谈判，派遣使节，调解汉萨成员间的冲突，决定关于战争、和平或封锁的统一行动……这种松散的自治组织的权威和效率连王权都自叹不如。

在当时欧洲商品普遍缺乏的时代，谁拥有产品，谁就掌握了商业上的主动权。佛罗伦萨通过发展制造业，成为商品的中心，吸引其他地区的商人主动前来与自己交易，从而使自己成为商业交易网中重要和主动的环节。虽然英国和西班牙的羊毛远远比佛罗伦萨多，呢绒制品在法兰

罗马（曾艳 摄）

德斯也非常盛行，但是这些地区都没有像佛罗伦萨那样注重工业技术和产品质量，结果佛罗伦萨以精细加工能力胜出，拔得欧洲羊毛纺织和呢绒加工业的头筹。

佛罗伦萨的财富不是建立在偶然和暴力的基础上，而是建立在有规律的、理性商业的基础上，这种有规律的、理性的商业活动就是近代工业革命的前奏，佛罗伦萨就是作为当时世界上第一个工业城市而兴起的。

西欧城市商人的财富哲学和商业精神

中世纪的主流价值观中本来没有自由与平等的概念。人们认为社会的完美体现是秩序，而秩序的具体表现是界限明确的等级，教士、贵族和农民是被严格划定的，每个人的出身决定他的等级，等级界限难以逾越。然而，人身自由是商人经商的必要条件，从庄园逃到城市，正是为了获得这种自由。有了这种自由，商人才可以四处游走，才能同各种不同的阶层发生关系。拥有财富和地位之后，商人对自由提出了更高的要求，他们要求有得到保障的人身自由，要求有稳定的自由活动的地盘，要求有法律保障的自由经营的权利。

同时，商业提供了抹平等级差别的途径。商业经营的目的简单又明确：追逐利润，获得钱财。钱是靠本领赚来的，同特权地位和出身并无多大关系。身份高贵的人并不因为其高贵便能财源滚滚，低下的人也不因其低下而得不到钱财，相反，下层人由于更加吃苦耐劳、更加实干、更具有冒险精神，反而更能获得成功。

在自由竞争的商业游戏中，一切等级、身份和地位都变得毫无意义。商人阶层的出现本身就标志等级制度不是不可变动的，而是可以依靠自主的努力来改变的。商人的成功不仅吸引农奴逃往城市，而且吸引贵族到城市中来生活，并且很快与城市上层富人“同流合污”。神圣不可动摇的旧的等级秩序终于被打乱，自由与平等开始成为一种普遍追求的价值标准。

经商不同于务农，经商需要永远探索未知的领域，需要开拓的精神。十字军中商人的参与，威尼斯人向中部和北海地区的开拓，英格兰人向大陆的探索，等等，这种冒险与开拓的精神并非欧洲人先天具有的，而是随欧洲商人阶层的形成而培育起来的，并且成为后来地理大发现时代的原动力。

商人的世俗文化与欧洲的文艺复兴

商人经营要同许多地方的人打交道，要实际了解各地的风俗人情、物品的价格及质量、航海知识、陆地旅行的知识，因此，他们需要世俗的知识，能够为他们的商业带来机会和发展的知识。于是，他们创办了城市学校。11世纪末，在工商业比较发达的意大利出现了最早的世俗大学：萨勒诺大学和博洛尼亚大学；12世纪，又相继出现法国的巴黎大学、英国的牛津大学；13世纪出现捷克的布拉格大学、奥地利的维也纳大学，等等。

城市大学完全自治，完全按照商业的模式组建起来，模仿当时城市手工业的组织方式，形成一种类似行会的组织，由教师和学生共同管理。教师和学生各有自己的行会、联合会，各有自己的权利和义务，他们一起通过民主选举的方式选出校长，由校长负责学校的管理。在城市学校中，教师和学生一样，不管社会背景如何，都不得不面对物质供应、离家住宿、付费、薪金等世俗问题，成为城市忙碌生活的参与者。学生付费求学，大多是为未来职位而接受必要的培训。因此，城市学校关注实际生活中遇到的问题，服务于理性的目标，注重培养学生的思考能力和从事某一专科的能力。“大学及其培养的唯理智论……，产生了有规律的思考，接下来是有系统的调查，这使得大工业必要的自然科学和技术文明能够出现。”

不单是教育，整个西欧文化都在新兴商业力量的牵引下发生革命性变化，文艺复兴、宗教改革、科学发明、重商理论，一波又一波的改革与变动浪潮推动西欧进入一个“全新的时代”。恩格斯称之为“人类从来没有经历过的最伟大、进步的变革”“是一个需要巨人而且产生巨人”的时代。

文艺复兴的本质是“人和世界的重新发现；享受生活的新意识；禁欲主义和象征主义让位于感官享受和自然主义；追求知识方面的实验方式替代传统主义和蒙昧主义”。这些特征正是商人哲学的体现。商人们以钱财为本，正是对现实生活的肯定；商人们提倡人身的自由，提倡个人的才能，正是在提倡以人为本的价值观；商人们主张探索未知的领域，敢于冒险，正是主张以理性的头脑和实验的方法，来认知现实世界。

英国重商主义与经验主义的因，“光荣革命”与“工业革命”的果

城市商业的成功引起了封建王权的关注，有远见的国王开始推行重商主义。

1303年，英国国王爱德华一世以“商人宪章”的形式邀请各国商人和手工业者“自由地带着他们的商品进入英国，并居住在那里”。所有商人，不管是德国、法国、西班牙、葡萄牙的商人，还是伦巴底、佛罗伦萨、普罗旺斯、法兰德斯的商人，均可带着他们从英国人及其他外国人那里购买的商品离开。与当地商人发生冲突，由“商人法”来解决。在全英国全境公开标准的度量衡并正规化，从整体的高度改善市场环境和产品质量，形成良好的交易秩序和经营氛围。1455—1485年，30年红白玫瑰战争之后，旧贵族力量互相消解，新兴的都铎王朝以民族国家的力量推行重商主义政策，英国工商业迅速崛起。

英国盛产羊毛，但是，早期欧洲毛纺织业的中心却在不产羊毛的佛罗伦萨。英国早期重商主义的代表人物威廉·斯塔福就建议：禁止输出英国羊毛和输入外国羊毛制成品，扶持本国羊毛加工业。英国纺织业因此得到保护，并迅速发展起来。都铎王朝的建立者亨利七世又通过缔结“大通商”条约将英国廉价的呢绒等工业品倾销至尼德兰，推动了英国呢绒业的大发展，亨利七世因此被称为“商人的国王”。

为了生产更多的羊毛，满足纺织业需求，从15世纪的最后30年开始，英国对农村土地所有权进行重大变革，为养羊腾出地盘，史称

"圈地运动"。为与大量的原料供应、大范围的倾销市场相适应，钟表匠凯伊发明了快速织布的飞梭，詹姆斯·哈格里夫斯发明了高效的珍妮纺纱机，牧师艾德蒙特·卡特莱特发明了动力织布机，詹姆斯·瓦特发明了单向蒸汽机之后，蒸汽机推动着纺纱机、织布机，牵引着满载羊毛原料和呢绒制品的火车、轮船，英国的毛纺织业率先进入了机器大工业时代。英国不但从一个"农业附庸国"摇身一变而成为"工业强国"，而且还因此成为"日不落"帝国，一度取得主宰世界的霸权。

因为尊重商业、尊重商人、尊重人的劳动与创造、尊重科学与发明，英国工商业一马当先，领近代商业文明之风骚。从16世纪到19世纪，从亚当·斯密、培根、牛顿到瓦特、法拉第、焦耳、麦克斯威尔，这些杰出人物及其杰出思想、杰出发明都出现在英国。

因为尊重现实、尊重王权、尊重既得利益，懂得谈判，善于妥协，不流血的"光荣革命"才会在英国发生。早在1215年颁布的《英国大宪章》就限制了国王的绝对权力，要求王室放弃部分权力、尊重司法过程、接受王权受法律限制的事实，结果英国王权维持得最久远、最有尊严。

工业革命的核心人物是工匠的儿子瓦特、铁匠的儿子法拉第、农夫的儿子焦耳……他们不是大学教授，也不是接受了完备数理化教育的博士生，但他们没有由于学历不高而遭歧视。尊重事实、尊重经验、尊重常识，这正是英国文化的魅力所在。

重农学派、启蒙思想、法国大革命的极度浪漫与极度理性

在英国商人与封建王权逐渐达成立宪共治的同时，法国的波旁王朝却错漏百出。

法王亨利四世重视农业，他认为"耕地和牧场是生活的两大源泉”。他命令农学家奥利维尔·德·塞尔写了一本《农书》，传播农业知识，宣称要让法国农民“每个星期天锅里有一只鸡”，大受法国农民的欢迎。

他也鼓励工商业，如在蚕桑种植的基础上发展法国丝织业，多处筑桥修路，发展贸易。但是法国的手工业更像农村的家庭副业，商人们把原料和工具分发给广大地区的农民，由他们在家中生产，交出成品，领取工资，这就难以发展成为机器大工业。

为了充实府库，亨利四世鼓励发了财的商人拿钱买官，还让当官的人每年缴纳官职税，其数额为官职售价的1/60。任何人只要定期缴纳官职税，官职就可以世代相传。其长期的后果是：把发了财的商人——事实证明是最有能力从事经济活动的人——排斥于经济领域之外，这是因为，在法国当官就可能成为贵族，而一旦成为贵族，就不能再进行任何经济活动了，否则他们就要失去免税的特权。因此，无论是花钱买爵位的“穿袍贵族”，还是世袭的“佩剑贵族”，都是依赖于地租而不是经商所得来维持其奢靡的贵族消费。商业财富最终没有用来扩大再生产，而是为无底洞的官阶制度买了单，这一点与中国古代徽商的境况有某种神似。

亨利四世把行政命令直接下达给由国王委任的各省监督官而不是省长。从17世纪起，波旁王朝停开僧侣、贵族和市民三个等级的代表协商国是的三级会议，钳制巴黎高等法院，镇压“赤足汉”暴动和卡米撒起义。最终，到1789年，在谁有权决定赋税的问题上，阶级矛盾无法调和，一切妥协均成为不可能，法国大革命血雨腥风，玉石俱焚，一地鸡毛。

1799年，军事强人拿破仑登台，开始拨乱反正，以一部集大成的法典真正地“结束了革命”。1804年3月21日正式颁布的《拿破仑法典》是人类历史上的典范性法典，其核心是："法律面前人人平等，私有财产权神圣不可侵犯。"

波塔利斯说："人类社会是建立在财产基础上的；财产使我们的存在生动活泼、延伸扩大。" 拿破仑因为颁布确立私人财产权的《拿破仑法典》而被历史学家认为是现代欧洲制度的根本奠基者。

法国是18世纪欧洲启蒙运动的重要发源地。整个"启蒙运动"的始祖首推法国人伏尔泰，他被后人尊称为"法兰西思想之王"。伏尔泰自小目睹了法国封建专制制度的残酷和腐败，即在幼小心灵中埋下了反封建的种子。成年后，步入文坛，他的作品和演说以尖刻和激昂地反封建制度和反教会思想而著称。用30年时间写就《论法的精神》，主张立法权、行政执法权、司法权三权分立的孟德斯鸠，虽然出身于"穿袍家族"，曾经担任波尔多市最高法院院长，但是他写了一本讽刺专制制度的书《波斯人信札》，告诫法国国王："如果君主不能给自己的臣民创造幸福的生活，反而想压迫和毁灭他们，那么，服从的理由就没有了。"最激进的、对法国革命影响最大的启蒙思想家要数让·雅克·卢梭，他认为主权在民，力倡自由、平等、博爱。从某种意义上讲，1789年法国的《人权宣言》体现的就是卢梭的思想。

法国的启蒙思想往往是不连贯甚至是自相矛盾的。比如卢梭主张人人平等，但是他又认为不平等的根源在于私有财产制度，结果新兴工商业者用他的平等理论来革贵族的命，而无产业者又用他的非私有财产理论来革有产者的命。王权不对国家负责，有产者不对国家负责，无产者也不对国家负责。如此一来，虽然有伟大的、极具理性的、科条完备的《拿破仑法典》，但是也难保法国可以安享太平——法国历史上长期扰攘纷争，总无宁日。事实上，旨在用法律保障私人财产权的《拿破仑法典》起源于主张用王权和法律严格控制商业的科尔贝主义。

法国人就是如此的矛盾和偏激。一会儿极端浪漫主义，一会儿极端理性主义，法国工商业始终没有获得稳健发展的机会，还不如同属大陆法系的德国邻居，一心一意 “用德意志的品质征服世界”来得更有实际成效一些。

从新教伦理到实用主义，从“五月花号”走下来的美国商人

不能理解宗教，就不能真正理解西方商业文明。

宗教改革前的旧教认为，人是有罪的，需要到教会来向上帝忏悔，并且需要在教会的帮助下赎罪，以便得到上帝的宽恕。教会是获得救赎的关键一环。

新教则认为，上帝并不想救助所有信徒，而是有选择地拯救一部分人，这部分人便是上帝的选民，其他人则只能成为上帝的弃民。任何个人生命的意义，任何个人是否受到了上帝的恩宠而成为上帝的选民，都隐于一种冥冥之中，任何人都不可能洞悉这其中的秘密。这样一来，教士和教会就都被抛开了。人们一下子被抛向了茫然的荒野，没有人帮助他，上帝也不听他的呼喊，他只能孤独地面对上帝预选的命运。这种既得罪教廷也不讨好信徒的新教教义当然四处碰壁，但是迎合了新兴商人的需要。

新兴商人在旧的教会秩序中本来就没有什么地位，他们本来就是靠自己的力量在寻求和奋斗，教会赋予他们的只有束缚和压力。现在束缚和压力解除了，每个人都平等地以自己的修为去面对上帝的选择，大家都浪迹人间，都是孤独的漫游者的形象。对世人而言，每个人在所扮演的角色中恪尽职守并获得最大成功，就是为上帝增加荣耀。财富不再是救赎的妨碍，相反，财富被看成是上帝的恩宠。财富的不断增加，便意味着上帝荣耀的不断增加。新教因此成了商人哲学的最好概括和总结。

为了财富甘冒风险的商业冒险行为受到推崇，欧洲教徒一改温驯的绵羊性格，涌现出阿伯拉尔、达伽马、麦哲伦、哥伦布等一批著名的冒险家。他们绕过非洲的最南端，开拓了到达东方的新通道；他们发现了从不为欧洲人所知的美洲大陆，开启了一片新的世界。

信奉新教的清教徒认为“人人皆祭司，人人有召唤”，每个个体都可以直接与上帝交流，反对神职人员的专横、腐败和繁文缛节、形式主义。他们主张对照圣经，察验内省，清心爱主，过简单、实在、上帝面前人人平等的信徒生活。结果他们备遭迫害，无处安生。1620年，一批清教徒乘着“五月花号”船驶向美洲，前往新大陆寻找宗教生活的自由。这群基于一种共同的态度、共同价值观聚集在一起的清教徒抵达美国后签署了美国赖以立国的第一文本——《五月花号公约》，以“公平之法”奠定了美国宪政的基石。他们为了神之荣耀而立约，决心以推广信仰为名，用更美善之秩序，筹建公民政体。

美国新秩序的建立与维系，直接得益于清教徒的信仰情操。美国早期领袖的人格特质，都能见证清教徒新移民的专诚、感恩、严格律己、敬天爱人。“职业”这一概念，即发端于清教徒精神，英文的职业（Vocation）含有宗教意义“召唤、神召”。在清教徒看来，职业亦天职，是上帝安排的任务，这也是职业一词的最初定义，因此每个人要努力尽个人的本分。在经商营利活动中，清教徒认为人是上帝财富的托管人，人有义务使财富增值。他们要求取之有道，聚集财富一定要符合公义原则，要在商业中诚实守信、珍视信誉，担当社会责任、扶持社会公正。他们以奉献精神向社区回馈，创办了哈佛等常春藤名校，以及无数私立学校、医院、养老院、救济院。

清教徒深信勤俭致富乃上帝嘉许的美德。他们限制一切纵欲、享乐甚至消费行为，将金钱全部用在生产性投资和扩大再生产上。因此，在美国初期，不是聚敛和贪婪积累了财富，而是克制和禁欲增长了社会财富。清教徒充满热忱，具有排除万难争取成功的非凡勇气和信心，他们敢于创造和创新，不断地开拓和征服。英国著名的清教徒布道家约翰·卫斯理精辟地概括了清教徒的生活态度："拼命地挣钱、拼命地省钱、拼命地捐钱。"

清教徒原本是个绰号，1567年首次出现，用以形容"过分谨慎、无可指摘、不作任何妥协的人"。但是来到美洲新大陆之后，清教徒为适应新的生活环境，开始懂得把原则和变通相结合，塑造了勇敢、机智、有正义感、有幽默感，既坚持原则、又圆通务实的美国人形象。

康熙皇帝VS彼得大帝：封建君主对待近代商业文明迥乎其异的态度

中土文明虽然是独立孕育的，但是从来就有包罗万象的雍容与大度。魏晋时期，佛教自印度东来，带来逻辑、音韵、佛法，均为中国文化所吸收、消解。唐、元时代，基督教各派曾先后传播于中国，但元朝灭亡后一度沉寂。明代中叶以后，由于地理大发现，东西新航路畅通，天主教耶稣会便派遣大批传教士来华，其中影响较大的有沙勿略、罗明坚、利玛窦、龙华民、罗如望、庞迪我、熊三拔、艾儒略、邓玉函、汤若望、罗雅各等。此种西学东渐，其实也是得到善待的。譬如，利玛窦就曾得到万历皇帝的款待，允驻北京，有政府津贴，死后还有专门墓地。

但是，中国对外来文明的包容总是显得高高在上。利玛窦为了求得中国人的接纳，先是削发、剃须、着僧袍、自称僧人，后来精研中国文化，著述、布道悉引儒家经典，就是西洋地图也改得以中国为中心，最后还得以献上自鸣钟等精巧、稀罕的礼品作为求见皇帝的手段，煞费苦心，最终也没有达到传教的真正目的。

康乾盛世的开创者康熙皇帝有很多机会接触外国人，而且都是学问渊博的传教士，如南怀仁、徐日升、张诚、白晋等，也见识过外国的器物文明，如钟表、天文仪器、望远镜等。他不会不知道西方的船坚炮利、器物精致、商业发达，不会不知道西方世界有很多值得借鉴的地方。康熙甚至也从西方传教士那里学到了一点近代科技知识的皮毛，但他仅是抱着一种猎奇的心态在把玩，远远没有意识到这是一种全新文明的信息，因而不可能以谦逊、饥渴的态度去向西方学习。

康熙皇帝（资料图片）

相反，他闭关锁国，复行海禁。自认为“天朝物产丰盈，无所不有，不假外夷货物以通有无”，自绝于日新月异的世界体系之外。他大兴文字狱，实行文化专制。康熙二十六年（1687年）、四十八年、五十三年多次禁书，并规定“造卖印刷者，系官革职，军民杖一百，流三千里；买者杖一百，徒三年；看者杖一百”。他亲手制造了多次文字狱，如“庄廷铣案”“胡中藻案”“戴名世案”等。他大兴保守的程朱理学，打击心学，致使民智窒息，民生凋敝。狂妄自大，怠惰自私，失去对外部世界的敏感，清朝覆亡的宿命实在其最强盛时期就已经确定无疑了。

马克思对此的评价是：“一个人口几乎占人类三分之一的大帝国，

不顾时势，安于现状，人为地隔绝于世界，并因此以天朝尽善尽美的幻想自欺。这样一个帝国注定要在一场殊死的决斗中被打垮。”

俄罗斯的彼得大帝与康熙所处年代相同，经历相仿，性格相似，都有雄才大略，且志向宏大，但是对待西欧商业文明的态度却与康熙大不相同。

彼得大帝（资料图片）

彼得大帝幼居莫科斯近郊小城，城中有一外侨区，聚居着各色人等，有如外国商人、手艺技师等。彼得常流连其间，初识西方世界，并结交了一批外国好友。

他继承皇位以后，立即派遣留学生前往西欧学习先进的科学、工艺。25岁的彼得，改名换姓，以航海科学生的身份微服同行。16个月中，他到过波兰、奥地利、德国、荷兰、英国等地，所到之处，观瞻不止，操习不已。在荷兰，他和其他留学生一起，亲手造出一条三桅战舰。在英国，他获准到议院观察会议过程，了解君主立宪的运作。在波兰，他和奥古斯特二世私交深厚，并且听取奥古斯特的忠告，放弃攻击土耳其，将争夺俄罗斯出海口的重点由黑海转移到波罗的海。

回国后，全盘西化贯穿了他之后20多年的统治。彼得大帝于1698年在俄罗斯发起了声势浩大而又严厉无比的改革运动。彼得有一个极为明确的目标，就是要使古老、落后、愚昧的俄罗斯与先进发达的世界连接起来，与蓬勃兴起的欧洲工商业沟通血脉。他大力发展工商业，奖励出口，规定贵族子弟必须学会数学和一门外语，否则不得结婚，也不得保留贵族身份。反对改革的人，即便是太子，自己的亲生儿子，也得被处死。在彼得大帝的时代，俄国出现了第一张报纸，开办了第一批军事学校和技术学校，有了第一个博物馆和第一个公共图书馆，有了第一批公众剧院和第一批公园，建设了一流的规模庞大的科学院……从此，俄罗斯“从愚昧无知的深渊登上了世界光荣的舞台”。

100年后，俄罗斯发生了自己的文艺复兴运动，普希金、果戈里、别林斯基、冈察洛夫、赫尔岑、莱蒙托夫、屠格涅夫、陀思妥耶夫斯基、涅克拉索夫、奥斯特洛夫斯基、车尔尼雪夫斯基、托尔斯泰、杜勃罗留波夫、契诃夫、高尔基……群星灿烂，交相辉映。

当然，俄罗斯不是无可挑剔的。彼得大帝的改革，是自上而下、形式重于内容的改革。

彼得大帝从西欧回来召见群臣的第一天就取消跪拜礼，剪胡子，穿西服。为什么彼得大帝如此注重生活方式与行为习俗的变革呢？据说他在出访时，曾见过勃兰登堡选帝侯的夫人和岳母。两位女士认为他“优点甚多，天资极高”，但也觉得其“趣味颇不风雅，殊堪惋惜”。尤其是看到他在进餐时不会用餐巾，更是产生了不讲卫生的感觉。彼得大帝深受触动，这种触动既来自自尊心的损伤，也来自文明与野蛮的反差。后来他专门出版了一本生活教科书——《青春宝典》，其中从品德的培养一直到青年人应该如何做客、工作和居家的行为方式，凡此种种都有明确的规定，具体到用餐时一定要使用餐巾，不能“发出吧嗒吧嗒的响声”。这些做法一开始看起来很可笑，然而彼得大帝却让人们明白他不是在开玩笑。当俄罗斯有据说多达三分之一的人口因为反对彼得大帝的改革而送命后，俄罗斯人变得“文明”起来，彼得大帝“用野蛮制服了俄罗斯的野蛮”。

表面的、形式上的野蛮被制服了，骨子里的野蛮并没有消失；优雅的礼仪、优美的诗歌、高贵的芭蕾、辉煌的歌剧、巍峨的城堡、华丽的宫殿、近代化装备的舰队，这一切商业文明的结果并没有真正的商业支撑。从某种意义上讲，彼得大帝是被西欧的堂皇外表所吸引，根本没有深究西欧社会的商业机理，他以封建君主的野蛮驱使臣属进行了一场习得其表的改革，即使模仿得惟妙惟肖，无以复加，也仅仅是形式上的相似。俄罗斯农奴社会的本质没有改变，在俄罗斯华堂之下，根本没有商业精神寓居其中。

商业力量冲击之下的明治维新与百日维新：相同的变局，不同的结局

晚清中国和外界的关系是从通商开始的。在当时的中国，人们普遍认为外国人需要大量丝、茶和大黄这类中国产品。尽管开明士大夫如魏源和广东巡抚黄恩彤就指出，外国人需要中国的茶叶是因为茶叶味道臻于极致，而不涉及人身的生死问题，但是鸦片战争期间许多中国人深深地相信，外国需要的茶叶和大黄是如此之多，如果切断供应，他们就会变成盲人和易患肠胃病。在同意这种观念的人们当中甚至有一些注重实际的经世派士大夫，如包世臣、萧令裕和钦差大臣林则徐等人。正是关于茶叶和大黄重要性的错误观念，直接导致贸易问题演变成了鸦片战争。尔后，洪杨起事、甲午海战、八国联军入侵、辛亥革命推翻帝制……中国历史上短短百年间发生的翻天覆地的变化都是自鸦片战争始。

后来的政治家和历史学家也许有充分理由认为鸦片战争是划时代事件，但是晚清的绝大多数士大夫直到1860年以后才觉察到这种变局。现有的史料表明，1840至1860年之间只有扬州秀才黄钧宰在1844年毫不含糊地写道，西方人的到来是一大“变局”。

1860年以后，部分文人开始认识到中国面临着几千年未曾见过的新情况。黄恩彤把这种情况叫作“变动”，黎庶昌称之为“变端”。王韬把这叫作“创事”，丁日昌、瑞麟、曾纪泽和李宗羲称之为“创局”，夏燮、薛福成、王韬、李鸿章和恭亲王奕䜣在19世纪60年代，郑观应在19世纪70年代以及康有为和其他经世派学者在19世纪80年代，都使用“变局”这个术语。

李鸿章（资料图片）

最早是多产作家王韬，他在1864年对于西人之杂处中国感到惊讶。广东巡抚黄恩彤在1865年认识到，中国已经面临几百年来最大的一次变化。丁日昌在1867年断言，中西接触的扩大是一千年来所发生的最大的一次变化。李鸿章在1872年声称，西人东侵是三千年来所发生的最大的变化。光绪在位时期，曾纪泽称这是五千年来最大的变化，张之洞书之为亘古未有的奇变。

新的形势使某些士大夫回想起中国历史上周亡秦兴时的巨变；他们意识到，中西关系的发展是可与公元前221年古代的转折点相比拟的新的起点（《剑桥中国晚清史》）。这种迥异于内陆农耕文明的海洋工商文明带来的冲击和变化是如此之大、之剧，当时的人们根本不能根据过去的经验来认识，因而屡屡应对失策。只有最早被清朝政府派送到英国学习海军知识的留学生严复，从对西方社会的大量观察中，发现欧美文明强大无敌的真正秘密：充分发挥个人的潜力，并提供一种社会契约，这种契约能使竞争以及一切商业功能都有利于社会推陈出新。严复据此提出了以释放民众潜力为要旨的应对变局的“三民思想”：“是以今日要政，统于三端：一曰鼓民力，二曰开民智，三曰新民德。”

然而，真正唤起中国人对“变局”的痛切感受并试图求变的不是严复，而是从来不被中国人放在眼里的藩属小国——日本。

日本过去也是一个闭关自守、封建落后的国家。1603年，德川家康削平诸侯势力，以幕府治天下，大权独揽，一手遮天，不把天皇放在眼里。二百多年中，幕府坐大，积弊、积怨甚多，但是天皇和其他势力始终无法撼动幕府的统治。1853年，美国海军将领柏利率领舰队两次闯进江户湾，迫使日本开港通商，给日本社会带来了新的变数。

十多年之后，地方势力长州藩高杉晋、萨摩藩西乡隆盛、大久保利通等先后发难“倒幕”，他们一方面实行政治、经济改革，以调动农民、商人和中下级武士的积极性；另一方面，与刚刚即位、不满15岁的明治天皇达成共识，以天皇名义武装倒幕。德川将军不敌请降。明治宣布“王政复古”，大权收归天皇，新政府由西乡隆盛和大久保利通等改革派主事。1868年4月6日，天皇发布了带有临时约法性质的《五条誓文》，称“广兴会议，万事决于公论；上下一心，盛行经纶；官武一体，以至庶民，各遂其志，毋使人心倦怠；破除旧来之陋习，一本天地之公道；求知识于世界，大振皇国之基础”，是为明治维新之总纲。

为了求知识于世界，1871年12月，一支由全权大使岩仓具视率领，几乎包括了新政权的主要成员的庞大“欧美使节团”启程，辗转美、英、法等国考察西方政治、经济、文化、军事，历时一年有半，大开眼界。回国以后，他们推动日本政府制定出“殖产兴业”“文明开化”和“富国强兵”三大国策。

“殖产兴业”，就是大力发展工商业。日本以英国为榜样，用国家资金创办千住呢纱厂、爱知纺纱厂等。至19世纪80年代中期，工业革命已几乎席卷日本一切工业部门。

“文明开化”，就是学习西方国家的教育、科学和生活方式。大久保利通、明治天皇带头剪短发，颇有彼得遗风；政府取消儒学教育，效法西方建立起包括小学、中学和高等学校在内的教育体系，并努力在全民范围内普及初等义务教育。

“富国强兵”就是改革军制，建立常备军。日本效仿德国，设立陆军海军学校，还实行征兵制，招致失去特权的武士阶级的不满。1878年5月14日，大久保利通在东京被刺杀，“铁血宰相”为明治维新喋血，但是，改革没有因此而停滞。

1894年，旧历甲午年，装备可能落后于中国、但是制度明显优越于中国的日本海军，将号称亚洲最强大的海军——北洋水师，彻底击溃，并逼迫中国订立城下之盟：割辽东半岛、台湾、澎湖列岛，赔付日本白银两亿两。

被西方强国英国打败，大清帝国不感觉羞辱；割香港小岛，大清帝国以其疆域之大，并不在乎有没有这些个小岛；赔几百万两银子，也不多，大清帝国可以表示慷慨……但是被历来向自己朝贡称臣的小日本打败，并被割让“龙兴之地”的东北老家，每个臣民承担差不多一两银子的战争赔款，这就大大羞辱了大清帝国的君臣。

经受这样的刺激，中国开始重新审视日本，并且从某种意义上说是效仿日本，变法图强。

康有为、梁启超等知识分子“公车上书”，说服光绪皇帝颁布“明定国是”诏书，开始了历时103天的“百日维新”：经济上，设立农工商局、路矿总局，提倡开办实业；修筑铁路，开采矿藏；组织商会；改革财政。政治上，广开言路，允许士民上书言事；裁汰绿营，编练新军。文化上，废八股，兴西学；创办京师大学堂；设译书局，派留学生；奖励科学著作和发明。

但是，百日维新的发起人康、梁等是不曾掌握过实权的读书人，他们喊喊口号可以，至于如何把新政落实下去，就毫无办法。而明治维新的发起人都是日本手握重权的地方诸侯，如高杉晋、西乡隆盛、大久保利通、木户孝允等。在晚清历史上，最有资格与日本“维新三杰”比肩的应该是曾国藩、左宗棠、李鸿章。然而，恰恰在历史最需要他们的“大忠诚”的时候，这些人却昧于历史大义，被儒家“小愚忠”的绳子牢牢拴住，没有为中国的社会变革作出应有的贡献。这是他们个人的悲剧，也是中华民族的悲剧。

光绪皇帝也不同于明治天皇。明治维新以前，日本国的实权与恶名，都由幕府担着，天皇没权力，但是也没恶名，而且名义上还是国家的当然元首。而大清帝国在当时很多的中国人看来是外族政权，并非华夏正统，光绪皇帝不但没有全民的感召力，就是在清政府内部，光绪也不过是个傀儡。

清政府权力中心是叶赫那拉氏。这个女人有手段、有实力，就是没识见。她是内部争权夺利的高手，却在顺应历史变局中表现得极为低能。说实话，她并没有多大的野心，她的全部欲望就是大清国稳稳当当、她在大清国中的独尊地位稳稳当当。她一直为保大清江山绞尽脑汁，但是一旦感到自己的地位受到了挑战，她就连大清江山也不顾。戊戌变法如果拥立她为首领，或许游戏还能多玩几天，但是康、梁拥帝反后，挑战她的权威，维新能持续百日，就已经是奇迹了。

中国人可能对日本人的天皇情结有些不解。第二次世界大战结束后，日本人力保天皇不废，固然与悠久的历史传统有关，但是关键还是天皇在日本近代化过程中起了推动作用，于民有惠。而晚清中国的革命者以“驱逐鞑虏，恢复中华”相号召，以推翻帝制为第一目标，实在是因为君天下者，不以天下为公，而是假公济私，成了大众利益的最大敌人。天作孽，犹可恕；自作孽，不可活。波旁王朝如是，大清帝国亦复如是！

欧美商业文明在全球范围的流布与流变

在欧洲内外，商业竞争由贸易保护主义发展到对财富的武装抢夺，两次世界大战多少都与商业文明的不成熟有莫大的关系。

商业不是被看作对财富符合理性的创造与追求，而是被片面理解为优胜劣汰的暴力掠夺。恃强凌弱，权贵欺压贫弱，强国攻伐弱国，被看成是理所当然的“物竞天择”。结果，社会分裂，民族对抗，有产者与无产者严重对立，商业化国家与非商业化国家持续对垒。自以为血统优秀高贵的德意志两度挑起战争，欧洲文明几乎因此毁于一旦。普鲁士王权和李斯特思想最后演绎成法西斯主义，从给德国带来商业实惠的强烈欲望出发，最后却把德国引向战争与毁灭。

后发先至的落后国家如日本，由极度自卑走向极度自傲，不是把商业运用于增益人类福祉，而是带着变态的复仇与征服心理，以领先的近代军事技术给亚洲乃至全世界带来无穷尽的灾难。

人们对近现代文明的信心一度丧失，许多曾经热情讴歌欧洲文明的大家如中国的梁启超、严复等都转而怀疑甚至抵制现代化。

在英国殖民地印度，圣雄甘地发起“非暴力不合作运动”。他剃着光头，上身赤裸，皮肤黝黑，总是随身携带着一架木制纺纱机，一有空就纺起纱来，以此表示对英国纺织工业的抵制。他号召印度人民用海水煮盐，自制食盐，以此抵制殖民当局的食盐专营法。

在拉美国家，丰富的产业资源仅仅被少数人所控制，商业化的成果并不为大众所共享。国家繁荣，人民却并不富裕。在巴西的圣保罗、阿根廷的布宜诺斯艾利斯、墨西哥的墨西哥城、印度的加尔各答、旧时中国的上海……富裕孤岛的周边，到处都是贫穷的海洋。

好在也有些国家和地区的人们拨开迷雾，渐渐寻找到了商业文明的真谛。譬如“亚洲四小龙”：中国香港、中国台湾、新加坡、韩国，都是以介入国际分工的方式，在国际产业链中找到了自己的位置，从而使当地经济、社会有了持续发展的可能。在经济持续增长的同时，社会参与机制、分享机制也开始建立起来，商业文明的成果得以惠及普通老百姓。从20世纪中叶开始，这些地区成为亚洲、非洲、拉丁美洲国家和地区商业化的样板。

缔造东方威尼斯——中国商业文明的新起点

工商文明之路，意大利人探索了一千多年，英国人探索了五百多年，法国人和美国人探索了二百多年，日本人探索了一百多年。中国人自鸦片战争被迫门户开放以来，于20世纪后期，主动开放，向西方学习。中国改革开放的总设计师邓小平曾经在法国勤工俭学，他在中国的南海之滨画了一个圈，建立了深圳经济特区，试图为中国“杀出一条血路”，这条路至今仍在摸索之中。

六十年前受重庆商人、重庆总商会会长汪云松先生资助赴法国勤工俭学的中国领导人邓小平，六十年后给艰难竭蹶、病入膏肓的国家开出的药方是：发展商品经济，走市场经济道路！

第三次复出后的邓小平决心扭转乾坤。

对内改革。他支持家庭联产承包责任制，充分调动农民的生产积极性；他鼓动放权让利，让地方、让企业拥有更多经营和管理上的自主权；他整顿干部队伍，认为干部队伍要年轻化、知识化、专业化；他革新教育，认为教育要面向现代化，面向世界，面向未来；他发起百万大裁军，大规模削减用于国家机器的开支；他请“工商界五老”到人民大会堂吃火锅，矢志复兴民族工商业；他目光投向西方，先后4次出访日本、美国、法国等8个国家，在他影响下，有13位副总理、副委员长以上中国领导人先后21次考察51个国家。

对外开放。作为中国对外开放的窗口、对内改革的试验田，1980年8月26日，深圳经济特区获准设立。

经济特区的创意，首先源自一个香港商人朋友给广东地方官员吴南生的建议，告诉他中国香港、中国台湾、新加坡经济起飞的奥秘：办出口加工区、自由贸易区。这个创意得到了广东务实官员的热烈响应，也引起了北京保守势力的种种质疑，但是以邓小平为首的开明领导人肯定了来自广东地方的开拓创新，不仅如此，邓小平还赋予这个创意更深更远的意义。这从经济特区的名字变迁上可以清晰地看出来。

香港商人建议办“出口加工区、自由贸易区”，这是纯粹的国际贸易术语，仅有商务意义。

吴南生等地方官员认为“出口加工区”的名称是“敌对”的台湾地区用的，“自由贸易区”中有“自由”两个字，都可能牵涉极大的政治风险，不敢用。

他们请主管领导谷牧请示邓小平，邓小平的回答是：“就叫特区嘛！陕甘宁就是特区。”

只有通晓中国现代史的人，才会明白“陕甘宁特区”之于中国现代社会变迁的意义，也只有在中国失去邓小平之后，人们才真正明白邓小平以“特区”命名中国改革开放区的良苦用心，真正明白搞特区建设不仅仅是为了赚点加工费，不仅仅具有经济意义，而是为整个中国的社会转型“杀出一条血路”。

一批批精英分子先后被派到了最具代表性的经济特区——深圳。当其时，从狱中获释的“美国特务”袁庚继承招商局传统，借鉴香港商业经验，在北京务实官员的支持下，已然于1979年7月20日在深圳蛇口宣布建港、开发工业区。商业创新与政治改革一拍即合，开始了一场由社会精英主导的城市商业革命。从“时间就是金钱，效率就是生命”的价值观革命，到员工招聘、干部直选的组织方式革命，到“我可以不同意你的观点，但我誓死捍卫你发表不同意见的权利”的认识境界的革命……那是怎样一个人性张扬、思想弘放、财富奔涌、群星闪耀的时代啊，那种理想与高度，我们至今仰望。名不见经传的蛇口和深圳，从此蜚声中外。

一批批不满现状、不甘命运安排、决意寻求改变的不安分子冲破层层藩篱，怀揣梦想，来到深圳。他们什么也没有，但是他们有开创新生活的梦想与自由。深圳就像一个巨型的孵化器，无数的创意与追求孵化成了深圳的创新型经济。深圳人缔造了无数个第一，“闯”与“创”成了深圳的城市精神。深圳人是20世纪50年代工商业改造运动以后第一批吃工商业螃蟹的人，是改革开放以来最先被卷进现代商业涡流的大陆中国人。深圳商人是中国传统商人、近代商人在大陆几近绝迹之后的第一代新式商人，也可以说是中国第一批现代商人。这个世界上，从来就没有无缘无故的奇迹。

今天，产生骑士式精英的土壤已经不复存在，那种基于对旧体制刻骨铭心的痛切感受，从而不计个人得失安危进行社会改革的堂吉诃德式的英雄已成往事；非政治精英的民间草根力量，何以取代古典的、传统的、浪漫的理想主义者，成为深圳新兴的、现代的、理性的理想主义者？为求生存的创业动机得到满足之后，深圳商业的动力将何以为继？

深圳，是一个奇迹。理解这个奇迹，有两点至关重要：一是对香港所代表的西方商业文明持发自内心的亲善和学习态度；二是对追求独立、自由和商业财富的深圳投奔者持前所未有的宽容和鼓励态度。前者让深圳人充分享有来自香港的财富、技术、管理经验、生活理念外溢的好处；后者使深圳人的想象力、创造力喷薄而出，这是缔造深圳奇迹的真正内在驱动力。深圳何以分辨自己的商业路径，何以树立自己的商业理想？20世纪90年代以来，深圳的特区定位模糊，深圳将以何种形象自立？又凭什么吸引海内外有想法、不安分的人们前来归附？

就像早期西欧商业城市是以特别授权的方式被赋予特别的商业自由和城市管理特权一样，深圳经济特区也是经由法律特别授权被赋予市场经济的特别试验权。随着西欧商业的蓬勃兴起，城市被赋予的权利越来越多，越来越大，由经济而政治、由政治而文化，欧洲商业文明终于修成正果。

种种迹象表明，象征中国商业文明新起点的深圳，依然处在十字路口。

幸运的是，**深圳开埠以来**，碰上最好的**机遇期**。全球经济**高速增长**，产业转移正好需要深圳接盘。

第三章

原富：深商的“第一桶金”

中国近代最重要的思想家之一严复，不仅翻译过家喻户晓的《天演论》，也翻译过《国富论》《群己权界论》。与近年来群起追问商业“原罪”的积习不同，严复将《国富论》，亦即《国民财富的性质和原因研究》的中文译本，起了个建设性的书名：《原富》。

通过研究财富的性质及其原因，为商业正名，为企业、企业家正名，为商业文明正名，西方的亚当·斯密曾经这样做，近代先贤严复也曾这样做，我们今天也真的需要回答这样一个问题：深商的财富到底从何而来？又将走向何方？

物质财富的根本大法

财富，有无穷尽的具体表现形式。有形财富，却可以总体地概括为：物质与能量。

关于物质和能量，有两大定律，堪称财富的根本大法：

第一定律：物质不灭、能量守恒定律。意即：宇宙中的物质与能量总和是个常数。这就意味着，物质与能量从最终的意义上来讲，既不能被创造，也不能被消灭，只能从一种形式转化为另一种形式。

第二定律：在一个封闭系统内，熵，总是呈不断增加的趋势。熵，是无序和无效的代名词，在经典热力学中，熵是不能再被转化做功的能量的总和的测量单位。这就意味着，在一个封闭系统中，物质、能量的秩序和功效总是递减的，要维持一定的秩序和功效，就需要从系统以外寻求“负熵”，以便补给必要的物质与能量。

生命系统的生机与活力，也是靠不断地向外界摄取“负熵”、补充物质与能量来维系的。否则，生命就会止息。植物通过根须来摄取土壤中的水分和养分，通过叶子的光合作用来摄取太阳能；动物界中，大鱼吃小鱼，小鱼吃虾米……长长的食物链上，“一个人每年需要吃掉300条鲑鱼，这些鲑鱼要吃掉90,000只青蛙，这些青蛙要吃掉2,700万只蚱蜢，而这些蚱蜢要吃掉1,000吨青草”。

社会系统其实就是外延化的人类生命系统。人类通过外部工具的发明和使用，增强了从外部世界摄取物质与能量的能力与范围。“我们制造了机械装置来从环境中榨取能量，筑起楼房来保持热量以供取暖。我们修路筑桥并设计出各种交通工具来输送能量。我们还创造了语言、风俗、经济组织和政府机构来有效地组织能源的处理与分配……”，社会发展归根到底就是建立系统化的、攫取和分配物质与能量的工具和秩序，从而维持人类生存。因此，关于物质和能量的这两大定律当然也是每种文化与文明的最高的运行法则。

工业革命带来的财富

在人类文明的初始阶段，外部工具并不发达，刀耕火种，听天由命。“狩猎—采集型”游牧社会最经济，也最悠久，人们四处迁徙，大自然出产什么，人们就采猎什么。“定居—耕种型” 农业社会也是很经济、很持久的，人们世守其居，自食其力，虽然有水旱之灾、丰歉之忧，比起常年奔走掠食，生活已经可以预期了。游牧、农业社会中，一个人每年可以吃掉300条鲑鱼，相当于完整生物链下游的蚱蜢吃掉的1,000吨青草；他也可以选择直接食用1,000公斤谷物、蔬菜和水果，把物质和能量的消耗降低到1/1000。因此，游牧、农业社会真正需要的、可支配意义上的财富极其有限，而且局限于大自然既有的物产。

随着人类的繁衍，自然物产消耗越来越快，譬如木材。森林曾经是人类栖息的地方、人类狩猎的地方、人类采集的地方、人类拓荒耕种的地方，森林供给人类食物和燃料。关于木材对于人们生活的意义，刘易斯·芒福德曾经开了份这样的用途清单：

“木匠的工具除刀刃外全用木材制成。耙、牛轭、牛车以及篷车也是用木材制成。木材用来做浴室里的澡盆、木桶、扫帚，甚至拖鞋。农夫和织工都离不开木材。木材可以制成纺织机、榨油机和酿酒机。印刷机也曾经是木材制造的。就连城里的输水管道和水泵的圆筒往往就是树干……船是木制的，主要的工业机械也是木制的。”在矿物质能源和燃料大规模使用以前，“木材是重要的工业资源，是原材料、工具、机器、生活用具、燃料以及最终产品”。

13到16世纪，是欧洲重大的熵的分界线、能源的分界线。

人口的膨胀，十字型耕犁、三熟循环制以及马匹的使用，大幅提高了人们拓荒垦殖的必要性和可能性。森林大面积减少，木材价格成倍上涨。16世纪到17世纪，英国木材危机十分严重，不得不成立专门的皇家委员会，但也无济于事。13世纪，纽卡斯尔城因为木柴告罄，有人活活冻死，国王亨利二世恩准百姓用煤作燃料。1631年，埃德蒙·豪斯哀叹：“人们只能以煤取火，殷实之家亦不例外。”到1700年，煤开始取代木柴，成为英国的主要能源。随后不到150年，西欧进入煤炭时代。

接下来的变革顺理成章。蒸汽水泵用来采煤、蒸汽机车用来运煤、蒸汽内燃机用来为一切工业机器提供能源和动力，纺纱、织布、火车、轮船、供暖、照明……煤取代木材成为最普遍使用的能源燃料。这就是英国工业革命的本质。尔后，工业革命不断升级，煤用来发电，石油用来发电，矿物质能源彻底取代木柴，成为工业革命以来人类社会广泛使用的能源和燃料，也使得人类社会得以利用的财富的种类和总量呈几何级数增长。商业制度与工业技术相结合，在不到100年的时间里生产的财富“相当于以往人类财富的总和”。

迄今为止，尽管核能、太阳能等也已经开始成为人们的生产和生活用能，而且呈上升趋势，但是矿物能源依然是当今人类社会的主要能源。基于矿物质能源利用的机器设备、生产和生活装备、配套物资器具等构成了我们这个时代最主要的有形的工业财富。

规模经济产生的效益

工业财富不同于农业财富，工业财富需要广泛地进行工业加工；工业财富也不同于简单的手工业财富，工业财富需要大量生产、大量复制，而不是精雕细琢强调个性独特性的手工艺品。这就需要规模，只有规模才能降低成本，增加利润。

生产一根缝衣针，即使可赚1元，手工生产一天10根，也只能赚10元；机器生产缝衣针，每根只赚0.1元，但是一天生产10,000根，可赚1000元，效率是手工生产的100倍。温州、义乌的纽扣厂商、纽扣批发市场，每颗纽扣只赚几分、几厘钱，却包揽了全中国甚至全世界最大量的纽扣生意，大发其财，道理就在这里。

大规模的生产，依赖大规模的销售。如果大量工业产品形成积压，销售不出去，不但利润无法保证，而且全部投资都会血本无归。所以工业资本总是不断地开拓市场，在全世界范围内建立起自己的销售体系，把每一个人都变成自己的顾客。资本家不是地主，地主到处圈地，资本家原则上只要市场。近代英国人那么起劲地攻击大清帝国，无非是希望大清帝国打开大门做生意，希望每个中国人买他们一顶圆筒礼帽、穿他们一件呢子大衣。四亿中国人、四亿顶礼帽、四亿件大衣，英国兰开夏的毛纺厂得加班加点干多久啊。可惜，中国只是个历史悠久的自给自足的小农经济国家，对于国际贸易了无兴趣；中国人只对瓜皮小帽和丝棉织物感兴趣，对圆筒礼帽和呢子大衣没有需求。这是横行世界的英国商人始料未及的。

越是大规模的生产，越是依赖专业的分工，制针和制作纽扣的工艺要求越高，生产工序和工艺的分工也就越多、越专业。每道工序、每道工艺的参与者按照各自的贡献分享销售利润。论功行赏，越是资源禀赋好、生产效率高、加工工艺精、各方面性价比好的供应商才越有机会参与到这种分工中来，否则就会被拒于工业财富的大门之外。今天许多发达国家的人们反对全球化，正是因为在全球化的分工中，发达国家占比较优势的科技金融等高精尖产业只能让1%的少数精英受益，99%的普通人则因为制造业外迁而沦为贫困失业人群。

幸运的是，深圳开埠以来，碰上了最好的机遇期。全球经济高速增长，产业转移正好需要深圳接盘。香港、台湾的资金、技术、成套设备、成熟的海外市场、成体系的企业管理经验与内地廉价的土地、廉价的劳动力在深圳天衣无缝地结合到了一起，融入国际经济大循环，诞生了深圳经济奇迹。原住民的土地、外来劳务工的劳动力，在国内市场原本不值钱，通过深圳经济特区参与国际经济分工后获得了国际市场价值，形成土地红利和人口红利。我们“三通一平”、建工厂宿舍、修公园马路、给老家汇款、邀更多老家人来深圳、盖房子、租房子、买房子、开酒楼宾馆歌厅舞厅、办小学中学大学研究院图书馆博物馆、升级城市建制、做深圳梦、做“世界工厂”、做“国际大都会”……说到

20世纪80年代中期，中英街开放，成为闻名遐迩的购物天堂（资料图片）

底，底气都是因为这份红利，这是经济全球化带来的福利，深商敢为天下先，优先分享了这份红利，合作共赢，受之无愧！

深商的第一桶金，正是得自经济全球化的好处

一是贸易利得。“拨乱反正”之后，中国农村经济改革成效显著，中国的城乡居民对于生活类消费品有了极大需求，也具备了一定的购买力。恰恰与深圳一河之隔的香港可以大量制造、经销如香皂、丝袜、T恤、领带、西装、运动鞋、玩具、金器、银器、小家电、简单电子消费品等轻工产品。深圳经济特区成立之初，20世纪80年代甚至90年代，那么多内地人争先恐后地涌进深圳，到不了花花世界的香港，只能在盐田“中英街”过一过购物的瘾，在东门、国贸、友谊商店，匆匆走一圈，喝一喝港式茶，买一点香港货，就为深圳商家带旺了生意，就为深圳城

20年前，深圳蛇口工业区竖起一块“空谈误国，实干兴邦”的醒目标牌，摆脱了一场姓社姓资的无谓争论，拉开了一段“中国故事”的序幕（张耀波 摄）

市赚足了人气。这正是深圳普通商人最初看得见、摸得着的“得自国际贸易的好处”。

二是土地红利。香港招商局为什么相中蛇口，要来蛇口开发工业区？首先是因为香港招商局在香港已经失去了竞争力，无法在短期内取得大的发展，不得不选择到深圳蛇口发展，以便降低成本，提高利润。蛇口离香港极近，蛇口与香港的经济落差却极大，在蛇口与香港之间有巨大的获利空间。雄心勃勃的蛇口人把握了利差机会，不仅赚了钱，完成了制造业的原始积累，还“偷盗”了现代工商文明的“天火”，唱响了中国市场经济的前奏，这才是蛇口经验的关键。

袁庚主导的招商局当初准备扩大船舶修造业务，增加中流作业的能量。前者需要增设浮船坞，后者需要增加驳船仓库，兴建集装箱码头，两者需求的都是场地。当时的香港，尺土寸金。香港中环的地价，每平方英尺15,000元港币，价格之昂贵，仅次于日本东京的银座，郊区工业用地每平方英尺亦在500元港币以上。而与香港一水之隔的蛇口，土地价格几乎为零。

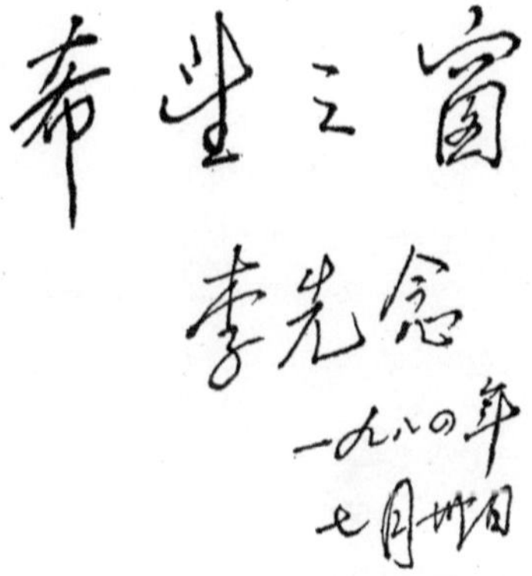

李先念为蛇口题词（资料图片）

李先念大笔一挥就给了招商局整个南山半岛，而袁庚核算了一下开发成本，只取其中的2.14平方千米，也就是蛇口。按照香港郊区工业用地每平方英尺（约0.09平方米）500港元，约合每平方米5,000港元的标准计算，2.14平方千米的土地价值100亿港元，按照当时的汇率折合人民币就更多了。在全球市场之外的土地估价几乎为零，纳入全球市场就可升值上亿，这就是最初深圳土地红利的巨大空间。

三是人口红利。中国的计划生育政策始于20世纪70年代，但是真正严格执行“一孩政策”是80年代的事了。在此以前是“人多力量大”。生于20世纪六七十年代的人在80年代得到了休养生息的好处，受到了比较好的基础教育，洗脚上田之后，稍加调教，就是难得的产业工人。农村改革之后，农民无后顾之忧，进城打工只要有现金收入就心满意足。对于他们的物质激励，是低至几分钱、几厘钱的计件工资。

也是在蛇口，初期开发任务很重，为了打破大锅饭，鼓励运泥车司机多拉快跑，制定了“惊世骇俗”的奖金激励制度：运泥车在定额之外每多拉一车，奖励4分钱！就是这4分钱，惊动了中国最高决策层，惊醒了端着“铁饭碗”吃着“大锅饭”的中国人。后来的媒体是这样报道事情始末的：

1979年8月，蛇口工业区首项工程蛇口港开工，工人们干劲不高，每人每天8小时运泥20—30车。

两个月之后，工程进展缓慢，袁庚甚急，指示加快工程进度。四航局工程处决定从当年10月开始实行定额超产奖励制度，即完成每天55车定额，每车奖2分钱，超额每车奖4分。工人们干劲大增，一般每人每个工作日运泥达80—90车，干劲大的甚至达131车，可领奖金4.14元。

1980年4月，这个行之有效的奖励制度很快被上级有关部门勒令停止，理由是为了“纠正滥发奖金的偏向”。奖金撤下，运泥量也跟着下去了。

袁庚拍案而起，他请来新华社记者写《内参》，7月30日《内参》送到时任中央领导的案头，胡马上在《内参》清样上批字，并转给谷牧办公室。

仅隔一天，蛇口的工地上就恢复了定额超产奖。这之后，中国内地逐渐实行了工资奖金上不封顶、下不保底的办法。

这个故事是当时保守思想阻碍改革的一个缩影，也让我们看清楚了当时深圳蛇口工业区熟练技术工人（运泥车司机）的劳动力价格。虽然运泥车司机的基础工资或底薪是多少暂时无法确认，但是以4分钱一车的奖励标准，为争取一天4元钱的奖金，要多拉差不多100车泥，工作量相当于平时的5到6倍，运泥车司机的工资之低可以想见。

一般而言，20世纪80年代至90年代初，深圳人的平均工资大约是香港同行的1/10，是内地同行的10倍。制衣厂的熟练工，在深圳如果是拿500元/月，在香港可能是5,000元/月，在内地则可能只有50元/月。1990年，深圳制造业工人已经有100万人以上，按照平均年薪6,000元计算

蛇口最早的荒山野岭（资料图片）

（包食宿），100万打工人群至少为内地赚取60亿元打工收入，为深圳制造业节约近600亿元人工成本（仅仅是相较于香港制造业，如果与欧美制造业相比较，人口红利空间更是数以千亿计）。

问鼎全球制造业中心

香港招商局开发蛇口就是为了在蛇口搞工业，所以蛇口开发区名字就叫作蛇口工业区。袁庚提出了著名的“三个为主”的方针：产业结构以工业为主，企业投资以外资为主，产品市场以出口为主。

为什么要以工业为主？袁庚说：“这实际上是一个形成产业基础的问题。我们人类的社会实践活动中，最基本的是生产实践。没有生产，

外籍人士聚集蛇口网谷俱乐部，畅谈在蛇口生活的感受（图片提供 深圳报业集团图片库）

就没有分配、交换和消费，也就是说没有商业、服务行业、旅游和我们现在所讲的信息工业社会。第三产业的基础是第一、第二产业。只有坚持搞好工业，我们才能逐步奠定社会的百年基业。”英、美先后长期雄居世界经济实力排行榜之首，首先在于它们能执全球制造业之牛耳。正如一美国专家所说：“美国要生活好，首先要制造好。”日、德等国则以第二次世界大战后大量技术发明为契机，实施“制造业出口导向”战略，实现了经济腾飞，创造了战后经济复兴和发展的奇迹。号称“亚洲四小龙”的韩国、新加坡及中国台湾、香港地区也是从振兴制造业开始崛起的。它们曾在20世纪七八十年代紧随日本之后而享誉传统制造业并迅速实现了工业化。

袁庚打造蛇口工业区是借鉴发达地区成功经验，真心实意搞外向型工业，把制造业出口作为未来经济繁荣的基石。

蛇口的船舶修造业并不顺利。事实上，蛇口基础设施完全建好以后，船舶修造业已经暗淡；1982年撒切尔夫人访问北京之后，香港对1997的希望直线下降，房地产市场也开始萎缩。但是，袁庚和招商局迅速作出反应，终止拆船计划，利用优良的港口设施和工业区配套设施建设出口导向的新型工业区。

袁庚的外事工作经历和招商局的海外业务经验开始起作用。经过游说，蛇口陆续引进美国、日本、英国、瑞典、中国香港等不少国家和地区的外资。

蛇口外商协会成立，在成立大会上，袁庚由衷地说："女士们，先生们，非常感谢你们前来蛇口投资办厂。祝你们发财。你们赚钱，就是我们的胜利。"

外商很快发现，蛇口工业区的领导理解国际商业而且可靠、负责、诚实。国际商业惯例在蛇口得到遵循，迷人的公寓和别墅向外国经理人开放，一个新的"五星级酒店"就建在蛇口码头附近，蛇口人甚至还专门拨出资金为这里的外国孩子修建了国际学校。

袁庚说，蛇口，美得像夏威夷一样！

袁庚要把蛇口建成最适合人类居住的地方。

袁庚要用最好的环境来悦纳来自西方的真诚投资者。

他说，世界上发展中国家之所以对外来投资者实行优惠政策，共同的目的只有一个，那就是引进发达国家的资金、技术和管理经验。

袁庚的魅力成就了蛇口工业区。

在共同信守的商业规则之下，外来的资金、技术、管理、市场与蛇口的土地、内地的人才找到了结合点，各具优势的资源禀赋结合在一起，产生了良好的经济效益，投资者赚钱了，蛇口人也赚钱了，"蛇口模式"成功了。

蛇口模式有个基本特点，那就是：蛇口工业区是由招商局这样一个企业来开发并经营的。企业不仅要投资商业项目，还要投资道路、港口、水、电、通讯、住宅、宾馆、学校、医院等一切本来应该由政府来投资的、没有直接商业回报的社会基础设施，这就把企业的资金血液分流了，人为地提高了企业的经营成本。然而，即使是在成本如此高昂的情形之下，蛇口依然做到了有利可图，这就使后来的深圳经济特区的开拓者心里有了底：只要做好土地开发，搞好城市基础设施的配套建设，一定可以吸引大量的外商前来投资办厂！

于是，两万工程兵开进了深圳，他们大兴土木，不愁收不回投资。商业楼宇飞快地建好，又飞快地租售出去，资金快速回笼。上步等工业区的标准厂房供不应求，急于寻找廉价土地和廉价劳动力的香港商人蜂拥而来，带来资金、带来设备、带来技术、带来管理、带来深圳最早的制造业。土地开发者赚到了高额的地租，外来投资者赚到了巨额的商业回报，内地打工者赚到了远高于老家的工资奖金，生产要素优化配置后产生的规模经济效益给每个参与者都带来了丰厚的回馈。

香港和其他地区的商业模式本身在深圳也得到模仿和复制。很多外资企业的打工者、管理者受到现代工商文明的洗礼之后，茅塞顿开，自己也萌生了创业的念头。他们开始寻求机会，创造条件，经商办企业，这些人就是深圳本土最早的一批工商业者，或者说，他们是深圳最早的本土实业家。深圳纺织服装、家具、钟表、玩具、珠宝首饰、皮革、印刷、自行车等传统制造行业大都是这个时候起步的。今天深圳这些行业在全国的竞争力都是名列前茅的，在国际上也占有很高比例的市场份额，而且深圳本土商人在这些行业中的竞争力也日见其强。

2001年12月，中国加入WTO的同时，沃尔玛在深圳建立全球采购中心，每年采购金额150亿美元，深圳和中国其他地区价廉物美的商品源源不断地送上沃尔玛在全球的货架。沃尔玛得以大幅降低成本，使其供应链在世界范围内得到极大优化，屹立全球五百强榜首。与沃尔玛同时，麦当劳、欧姆龙、松下、三洋、家乐福、飞利浦等在深圳都设立了全球采购中心。

正是从这时起，深圳乃至中国开始赢得“世界工厂”的声誉。当时新华社的报道说：“深圳现已成为全球最大的圣诞用品生产出口基地，每年出口额超过20亿美元。美国人购买的圣诞树，每10棵中有7棵产自深圳。美国白宫所用的圣诞树，多年来均来自深圳布吉的一家加工厂。国际大型超市沃尔玛在全球销售的圣诞树全部由深圳提供。”

2006年12月19日《纽约时报》发表的一篇文章说：“深圳的成功得益于一个简单的公式：廉价土地、工作热情高而又顺从的工人和宽松的环境标准，这吸引了大批外国投资商。深圳1200万的总人口中有700万是劳务工，这与上海1,800万人口中只有200多万劳务工形成对比，成了中国经济奇迹的一个真实而具有象征意义的心脏。”

2007年，中国“世界工厂”名声最盛的时候，中央电视台在第一次产业革命中扮演“世界工厂”角色的英国，举办了一个“相信中国制造”的论坛。伦敦金融城前市长白乐威说：“我在家里使用中国制造的微波炉，我在办公室里使用中国制造的复印机，就连我女儿穿的服装，也有许多是中国制造的。一位来英国访问的中国商业代表团的女成员曾经向我抱怨说，她曾用一个下午在伦敦购物，想买点儿英国特产送给国内的亲友，但她看中的商品，却都是中国制造。”

2008年，美国金融危机爆发的那一年，深圳规模以上工业增加值达到3527.8亿元。深圳制造囊括了34个工业行业，能够生产出上千种工业产品，30多种产量居全国前列。其中，集装箱占全球38%，硬盘驱动器占全国50%、全球10%，计算机磁头占全球近60%，激光唱头占全球超

华强北是国内手机通信类产品集散基地龙头（王海荣 摄）

60%，程控交换机占全国40%以上，基因工程乙肝疫苗占全国51%，钟表占全球45%，黄金饰品全国市场占有率达70%……连跟着深圳发展的邻居东莞也可以扳着指头，数着自己在全国和全世界的第一了！

1986年5月6日，袁庚曾在香港中文大学演讲——

世界上工业结构正在进行调整，但是人类的衣食住行无论什么时候都是不可缺少的，在相当长时期内，传统常规工业只会改进，不会完全被淘汰和消失。西方发达国家由于长期推行福利主义，人们过分追求享受，活要干得少，钱要拿得多，传统常规工业明显缺乏竞争力，日渐衰落，正在纷纷流向东方。而东方则完全有可能通过发挥自己的优势，凭借以先进科技改造过的传统常规工业为舞台，上演一出“后来居上”的威武雄壮的活剧来。

袁庚的预见全部应验了，深圳以及珠三角地区真的成了全球制造业中心。袁庚的话，今天还有意义，中国经济必须一如既往地重视制造业，避免空心化。只要人类还依赖矿物能源、依赖工业制品、追逐工业财富，在制造业中多参与一道分工，就相当于在人类工业财富的盛宴中多分得一杯羹汤。

对一个**城市的喜欢**，有时候完

只是生活习惯上的某种依赖，

对这种**依赖的态度**与满足程度

可以清楚地看出不同地区相关

态背后**商业理念**的**巨大分野**。

第四章

核心竞争力：藏在产业中的奥秘

四个“难以为继”

1980年深圳经济特区初建时，人口只有60多万；到2005年，在深圳工作和生活的人已经有1,000多万。深圳市的政府官员预计，地少人多的矛盾如果不能解决甚至继续发展，深圳市将不堪重负，经济的持续健康增长将难以为继。

深圳土地面积相对较小，总面积为1,953平方千米，可建设用地只有760平方千米。如果以每年10平方千米的速度开发，土地“分母”与人口密度及经济产出“分子”之间将出现严重失衡，20年后，深圳将无地可用。

深圳水资源短缺，是全国 7 个严重缺水的城市之一。人均水资源占有量仅为广东省的1/6，全国的1/5。随着人口持续增长，以水资源为主的环境承载压力不断增大。

2004年，深圳市的多条河流污染较重，阴霾天气超过1/3。

面对人口增长压力、土地空间紧窄、能源水资源短缺、环境承载力严重透支的诸多“硬约束”，2005年，深圳官方公开承认四个“难以为继”正在对深圳的发展形成“倒逼机制”。

为此，深圳市采取措施保持人口的稳定，使其在今后若干年内，基

整修后的西丽“城中村”（丁庆林 摄）

本保持在目前的人口规模上，避免人口总量的持续增长。

为解决土地、空间有限的问题，深圳市将宝贵的土地资源重新组合，进行城市化转地，整治违法建筑和改造“城中村”。

城市化转地主要在深圳西部的宝安和东部的龙岗两区进行，两区的土地面积为1,577平方千米，占深圳市总面积的75%。从2003年底开始，深圳通过把两区的农民全部转为城市居民，使其土地资源纳入全市统一规划规划和使用。同时，深圳实行最严格的土地管理制度，加强土地资源的保护和储备，推进旧城区的二次开发和改造提升。

为突破水资源短缺的发展瓶颈，深圳开始建设东江水源二期工程，实施珠江流域（深圳）水环境综合整治和治污保洁工程，进行深圳河湾、新洲河、福田河、大沙河、盐田河、观澜河等河流的整治。

深圳还大力发展知识经济和循环经济，克服经济增长对物质资本积累和自然资源的过分依赖，更多地通过提高人力资源、自然资源和资本的使用效率以及技术进步，保持经济的持续增长。

深圳市的主政官员用四个“难以为继”来凸现深圳市的经济和社会发展所面临的严重困难和挑战，被认为具有居安思危的意识，是一种着眼于可持续发展的忧虑。

就在2005年，经济学家吴敬琏在《中国增长模式抉择》一书中写道：“深圳市可用土地面积大于香港。香港开发了一百多年，到2003年末已开发土地只占可用土地的22%。深圳的GDP只有香港的1/6，近年来

深圳河整治后（图片提供 深圳报业集团图片库）

却出现土地紧张、成片的土地已经用完的资源硬约束。”他认为，不科学规划使用土地，不进行产业结构战略转型，只一味地追求扩张型经济发展，是不应该的。

传统制造业的瓶颈

2007年，深圳生产圣诞树的企业多达400多家，达到全盛时期。曾经作为“世界工厂”的标志性行业，深圳圣诞树的生产和出口是中国与美国经济“伙伴”关系的一个有趣案例。哈佛大学著名英裔历史学家弗格森创造了一个新的词语Chimerica（**中美共生体**），来形容这种非同寻

深圳河整治后（图片提供 深圳报业集团图片库）

常的亲密关系。他认为，从中国改革开放之日起，中国的储蓄者与生产者和美国的借贷者与消费者之间，构成有30年历史的伙伴关系。如他所言，中国廉价的劳动力、土地和以美国为主的外资以及产业链的结合，生产了大量价廉物美的产品，中国再把赚来的血汗钱投资美元和财政债券，供美国人疯狂消费。

然而，就在2008年初，美国金融危机爆发前，每年向欧美市场出口大约600万棵圣诞树的全球最大圣诞树生产商深圳宝吉公司轰然倒闭，令这个“制造快乐”的行业陷入恐慌。圣诞树生产技术含量低，利润微薄，所有产品只能出口，因为这个基督教文化背景下的文化消费产品，很难在中国市场找到新的足够的空间。即使抛开文化因素，绝大部分中国人也没有足够大的房间和庭院来摆放圣诞树。

人民币升值、劳动合同法对人工成本的提升、更为严格的环保要求，再加上美国金融危机的爆发，一些曾经风光无限的行业在深圳已然式微。为了降低成本，深圳最大的出口企业——为惠普和苹果公司代工的富士康开始部分走出深圳大本营。

产业升级的故事并不新鲜，历史上在英国、德国、美国、日本和“亚洲四小龙”曾经次第发生过这样的故事。20世纪60年代，日本制造的产品常常与低端、低质、低价联系在一起，但后来，日本制造与高端、高质、高价挂上了钩；70年代，中国香港、中国台湾、韩国制造的产品也与低端、低质、低价联系在一起，但后来它们的产品摆脱了这种联系；如今，这种联系又甩给了中国大陆制造的产品。未来的中国制造，特别是深圳制造，是否也能够像日本、韩国、中国香港、中国台湾的产品一样，与高端、高质挂上钩呢？

尽管像林毅夫这样的经济学家对中国的“后发优势”一向看好，但是深圳在应对自身制造业危机时也曾经有过“慌不择路”：跟随全国其他城市走GDP至上的“重型化”工业道路。深圳轰轰烈烈的“重型化”战略中，汽车制造、化工等深圳所陌生的行业，被作为重点突破领域，但“重型化运动”在深圳并没有折腾出什么大项目。科学发展观提出之后，深圳所擅长的高新科技产业和现代服务业重又回到产业转型升级的主角位置上，并爆发出更大的能量。

异军突起的高新技术产业

经济学家萨缪尔森总结西方先行工业化国家的经济发展经历了四个阶段：首先是起飞阶段，在18世纪中叶前，这个阶段经济增长非常缓慢，主要依靠土地和其他自然资源等生产要素的驱动，才得以实现。其后是发生在1770—1870年的第一次产业革命，机器代替了手工，人们突破了自然资源对经济增长的限制，机器大工业迅速发展，劳动生产率大幅提高。在这一阶段，主角是资本密集型的机器制造业和其他重工业，经济增长归根到底要靠投资驱动。19世纪末兴起的现代经济增长，是凭借技术进步和提高生产效率实现的，即创新驱动的阶段。20世纪50年代后，电脑、互联网为核心的IT产业唱起了产业大戏，信息化成为经济增长的主要特征。

自20世纪90年代始，以信息技术为标志的新技术革命浪潮的兴起，制造业面临一场世界范围内的全面升级。美国等发达国家相继进行了产业结构调整和制造业转型，微电子、计算机、通信设备等新兴制造业迅速崛起并与传统制造业并驾齐驱而成了承载经济增长的两大车轮。1993年，美国重新夺回制成品第一出口大国的地位，经济恢复强劲增长态势。而日本因为创新理念和创新机制等原因，连连错失产业升级机遇，制造业竞争力明显下降。日本公司入选世界500强比例连年下降，就连多年雄居榜首的日本“三菱商事”“三井物业”在1996年也终于让位给了

华强电子世界内展示各种电子产品（王海荣 摄）

美国通用汽车和福特汽车。

也正是在此时，韩国、中国台湾抓住机遇紧随发达国家之后成功完成了产业转型（中国台湾成了美国之外的全球最大IT制造业代工基地）。新加坡虽稍有迟缓但仍在产业转型上取得了相当的成就。中国香港在20世纪八九十年代传统制造业大规模北移后，忽视了对制造业的重视、转型和提升及对新兴制造业的培育，过多依赖金融、贸易、旅游、房地产等服务性产业，错失了提升制造业的时机。

香港的失误在深圳得到了补救。

如果说，电子业堪称经济全球化的急先锋，那么，深圳最早的上步工业区就是承接国际电子产业转移的最前沿。电子产业在日本、美国的带动下，向“亚洲四小龙”进行大转移，也被作为深圳来料加工的主导产业。1979年、1980年间，来自内地和香港的电子产业资源便不断向深南大道和华强北交汇处聚集。现在深南大道旁的华强集团、爱华电子、深圳中航集团都是当年广东省和国家部委在这里设的电子业基地：广东省政府将地处粤北山区的三个省属小电子厂（8500厂、8532厂、8571厂）

华强北是国内手机和通信类产品集散基地（王海荣 摄）

迁入深圳合并组建为华强电子工业公司，华强北路与华强南路也以此得名；第四机械工业部（后更名电子工业部）在深圳设立的中国电子技术进出口公司深圳分部（现深圳中电投资股份有限公司）就是电子大厦的投资方，第四机械工业部还从广州 750 厂抽调一批人员组建了深圳爱华电子有限公司；第三机械工业部（后更名航空工业部）则在深圳设立中国航空技术进出口公司深圳办事处（现深圳中航集团）。这些早期的电子工厂，都以“三来一补”的方式，生产令国人感到无比新鲜的初级电子产品：袖珍收音机、录音机、电子表等。

1984年1月25日，邓小平专程来到这一中国电子业的勃兴之地。在中航的一家电子厂，他饶有兴味地观看了人和电脑下棋表演，表示“电脑要从娃娃抓起”。到1985年，深圳已有170多家电子企业，全年产值为13.75亿元，约占全市工业总产值的 49.7%。1986年1月6日，有志于打造电子产业帝国的深圳市将隶属电子工业部、广东省电子局和深圳市的 117 家电子企业联合起来，成立深圳电子集团公司（1988年1月更名为“深圳赛格集团公司”）。与此同时，即将离任的梁湘，提议成立了全

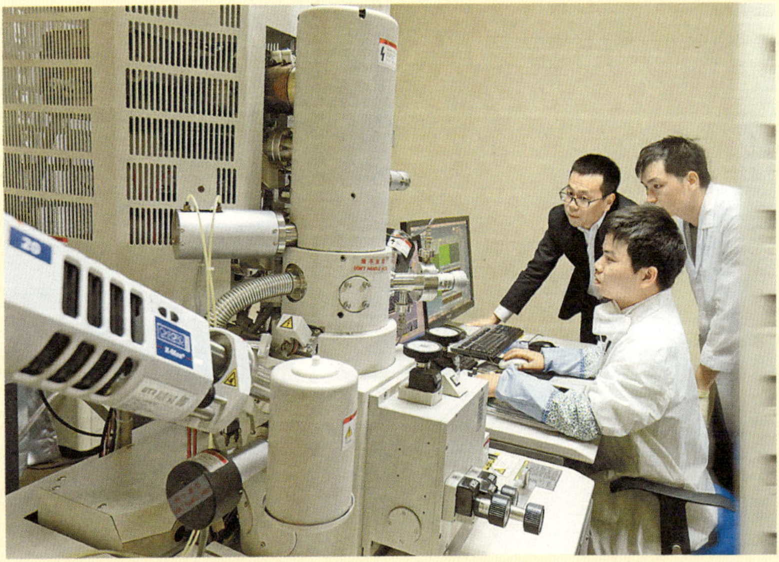

深圳市贝特瑞新能源材料股份有限公司，是中国宝安集团旗下专业从事锂离子电池正负材料研发、生产、销售的国家级高新技术企业，是三星、LG、松下、索尼、ATL、比亚迪等全球十大锂电巨头的主供应商，自2011年至今始终保持锂离子电池负极材料市场占有率全球第一（陈富 摄）

国第一个地区电子行业协会——深圳电子行业协会。深圳中航、华强集团、赛格集团、深圳中电成为深圳早期电子信息产业的“四大天王”。

1988年3月28日，赛格集团在赛格大厦一楼设立了一家专门为上步工业区电子厂家配套的电子产品交易市场，面积只有1,400平方米，但却是全国第一家专门销售国内外电子元器件的电子市场。一开始，交易市场就有160多家深圳和内地厂商、10多家香港厂商进驻，聚集了中国最多的电子元器件，也成了一个电子产业的信息集散地。这个小市场，在深南大道、华强北交汇处这个特殊地段，无意中扮演着中国电子产业链条的平台角色。在中国电子业急速的发展中，赛格电子市场的价值越来越

经历巨变的华强北（图片提供 深圳报业集团图片库）

大，不断扩容，直到将赛格大厦挤爆，将电子市场这一商业业态蔓延到半个华强北街区，并在全国各地风起云涌。

1992年9月，爱华电脑城在深南中路爱华大厦一楼开业，专营电脑配套产品。1994—1995年，深圳通信器材配套市场和深圳电子城相继开业。随后，赛格宝华大厦也在近旁建成，裙楼也发展为电子市场。1996年，利用赛格电子市场老楼拆迁、搬往赛格大厦裙楼的档口，街对面的华强集团也将办公楼腾出来建立了华强电子市场。旁边的佳和大厦裙楼，本来是想借助附近的天虹商场发展百货业，结果几经折腾后最终也不得不改成了电子商城。而万佳百货2001年撤离华强北，也有新租户远望数码商城抬价“逼宫”的因素。明通数码城、宏大电子、都会电子城、新亚洲电子等10多家规模不小的电子商城也如雨后春笋般纷纷破土而出。华强北渐成“中国电子第一街”。

2007年10月12日，在深南大道与华强北路交汇处，赛格广场外墙上的电子显示屏开始播报“华强北指数”信息。这个指数系统由华强北各大电子市场电子元器件、手机、数码、IT等56类产品组成，反映中国电子市场交易价格变化趋势，从而促进电子产品生产、流通、消费间的有效衔接。“华强北指数”确立了华强北在中国电子交易产业的龙头老大地位。

华强北电子交易市场的贡献不仅仅是销售成品，更大的作用是为深圳乃至中国的电子信息产业提供无所不包的元器件配套。这种强大的配套能力，是中国台湾所没有的，是日本所没有的，是硅谷所没有的，也是北京的中关村所没有的。深圳IT业独步中国、驰骋全球、打不垮、迁不走的重要原因，就在于此。这种庞大而精细的配套能力，不仅让康佳、创维、华为、中兴等名企从中受益，而且直接催生了很多“华强北系”的创业型企业。江苏南通人吴海军，1992年从东南大学毕业后来到深圳，在赛格电子市场买了5台组装电脑回老家办电脑培训班，尝到甜头后，他重返深圳，在赛格电子市场租了一个柜台，从此杀入IT领域。1995年，吴海军创办新天下集团，2001年8月成立神舟电脑公司，与华为设在深圳关外的坂田基地为邻，显示了它的勃勃雄心。“神舟”这个非常招摇的平价电脑品牌，不断挑战联想、戴尔这些电脑巨人的江湖地位。在华强北电子市场练摊，将变幻莫测的IT市场熟稔于胸后，迅速积累资金，进入研发和制造领域，从组装工厂到创立品牌，这是很多“华强北人”的创业故事和成功路径。

华强北的电子数码产品及其电子元器件不断推陈出新，层出不穷。从1990年代中期开始的BP机、天地通（手机最初版本）、大哥大到VCD、DVD、数码相机、摄像机、MP3、手机，每一轮产品更新，都给

赛格众创空间内，正在FABLAB微观装配实验室埋头工作的创客（王海荣 摄）

华强北电子市场以巨大推动力。2008年，华强北电子类产品销售额逾270亿元。深圳电子信息产业产值达到7,800多亿元，约占全国电子信息产业产值的1/6。至2017年，深圳先进制造业占规模以上工业增加值比重已近70%，新兴产业增加值占GDP比重超过40%。这些先进制造业和新兴产业的核心竞争力还是IT技术。

正是因为深圳一早抓住了高新技术产业中电子信息产业这个龙头，从20世纪90年代初开始，深圳就敢于冒着极大压力，限制并外迁粗加工业，鼓励、扶持高附加值工业，渐渐实现深圳高新技术产业集群化。后来“高交会”取代“荔枝节”，深圳招商方式全面刷新，产业升级日新月异，直到今天，深圳已经成为中国高新技术产业高度发展的一极。

沧海横流，见证深商“成人礼”

大专院校少、科研力量弱、发展高新技术产业的常规优势并不具备

华为手机体验店（钟华登 摄）

的深圳，却能在高新技术产业的发展方面突飞猛进，一骑绝尘，此举令外人惶惑，大为不解。深圳人自己也说是“异军突起”，潜意识中还是把高新技术产业列为另类，视为异常。只有深入了解深圳高新技术产业发展全过程之后，人们才会明白其中的诸多奥妙。

以计算机芯片为例。芯片，信息时代最重要的基础产品之一，如果把石油比作传统工业的“血液”的话，那么芯片则是信息时代IT产业的“心脏”和“大脑”。无论是小到日常生活中的电视机、VCD机、洗衣机、移动电话、计算机等家用消费品，还是大到传统工业的各类数控机床和国防工业的导弹、卫星、火箭、军舰等，都离不开这个小小的玩意儿。全世界芯片的市场2000年就达到近2,000亿美元，并且每年还以37%的高速度增长。

就是在芯片这个核心领域，中国曾经拥有领先优势。早在1965年，我国的集成电路就开始起步，而世界上最著名的芯片制造商英特尔当时还没有成立。后来由于体制等众多的原因，我国在这一领域“起了个大早，赶了个晚集”，与国外差距越来越大，芯片业几乎为美、日、欧所垄断，中国没有可以与英特尔、NEC、摩托罗拉、东芝、三星、飞利浦比肩的芯片企业。究其原因，就是20世纪60年代的中国没有相应的商业机制，没有技术产业化的起码条件。

幸运的是，深圳的商业创新跟上了技术创新的步伐。1993年，深圳市福田区控股的高科技企业——飞通公司允许黄章勇以技术入股20%，开了个人以无形资产大比例入股国有企业的先例。国有企业技术科长背景的侯为贵通过多次产权改革，在中兴通讯中占有了重要比例的股权，中兴通讯成为深圳“混合所有制企业”的成功典范。成立于1988年的华为技术有限公司则是一家完全由员工持股的高科技民营企业，公司以高薪、内部股权和期权回馈知识创业团队，空前地调动了企业员工技术研发的积极性，并在国内外市场上取得极大成功，华为因此成为深圳民营高新科技企业的一面旗帜，也成为国际通信巨头望而生畏的强劲对手。与此同时，银行业务的创新、证券市场的发育、风险投资的引进等，接踵而至，企业创新得到开明政府的配合与支持，来自香港等地的国际商业惯例在深圳也得到比较好的遵循，改革开放先行一步的深圳因此成为中国内地高新技术成果产业化的温床。

什么是“高新技术产业”？

其实，从商业的角度讲，这个问题并不复杂。技术高不高、新不新，都不是最重要的，重要的是新技术要“好用”，要能够提升附加值、提高市场份额。深圳工业用地不足，人工工资上涨很快，税收优惠政策到期或者将面临取缔，高水耗、高能耗、高资源消耗的低端制造业无法继续给投资者、经营者、企业员工和当地政府带来令人满意的回报，只有提高产品的附加值，才能从根本上解决问题，让大家都满意。

第五届中国电子信息博览会上，小朋友在柔宇科技展位上体验移动影院（钟华登 摄）

以电子信息技术为主的新兴技术如一场及时雨，恰到好处地满足了深圳制造业对高附加值的渴求。用IT技术改进、装备传统制造业，香港没经验，台湾没容量。深圳依托海内外两块资源，技术更新快、技术人才充裕、新产品市场需求量大。不仅新兴电子产业如雨后春笋般成长起来，服装、皮具、家具、珠宝等传统制造业也鸟枪换炮，以新技术武装起来，焕发了新的生机。

高新技术产业的技术红利、知识红利、人才红利到底有多大？西雅图有个公司叫高志，专门赚专利的钱。它也不是什么专利都赚，主要还是赚计算机、手机、消费电子产品等IT技术专利费，不多不少，一年10亿美金。IT技术正是深圳高新技术的核心技术，电子信息产业正是深圳高新技术产业的中坚，华强北作为亚洲首屈一指的IT产品交易中心、电子信息产品批发中心，以“山寨”技术大量生产高附加值的消费型电子

落户深圳华强北的HAX是一个专注于硬件创业的加速器，大多数创业团队来自欧美（王海荣 摄）

产品，其中利润空间有多大，可以想见。

“山寨”不是简单复制，而是伴随着许多技术上的微创新和多重技术的全新组合。同样是“山寨手机”，却总有五花八门的新功能可以满足用户五花八门的个性化需求。在苹果、三星等大牌手机定型之前，正是华强北五花八门的“山寨手机”探索了五花八门的手机应用功能，为大牌手机产品的最终定型做了探路先锋。大牌手机定型之后，华强北手机配套产业从手机套、手机电池，到手机座挂、手机摄像镜头保护圈、蓝牙手机音箱等，创造出许多匪夷所思的配套服务。这些创新服务有时仅仅是一个创意、一个好点子，就可以芝麻开门，打开创富之门。譬如，想到要给手机摄像头加一个保护圈，就马上找到开模工厂，要求按照创意定制一些样品，经过反复测试、比对，并推算好批量生产的成本，确认会受到用户欢迎后，就可以面向批发商或手机配套厂商谈合作了。合作一经达成，财源就会滚滚而来。

IT技术、电子产品的特点是迭代更新非常快。BP机、手机、台式电脑、手提电脑，基本上是一个销售季节还没有结束，就已经在酝酿下一个季节、下下个季节的功能和款式了。用IT技术装备起来的传统产业，迭代更新同样迅速。服装、珠宝、家具的展销会就是设计师的擂台赛，款式、功能、材质，不断翻新，与全球同步。与新技术、新设计、新创意相比，土地、资金、设备反倒不是最重要的了。深圳经济资源、社会资源不是以自我为中心，而是追逐着创业家，围着创意转。所以，深商新贵的形象，不是地主老财，不是资本世家，而是硅谷创客、巴黎艺匠。

农耕社会视土地为根本，土地即是一劳永逸的财富的源泉；工业社会崇尚的是资金和设备，有了这两项就可以依靠某种成熟的工业技术赚取长期而稳定的工业利润；信息社会的技术进步瞬息万变，技术创新本身的重要性凸显出来，完善的技术创新、商业创新体系构成决胜商场的核心竞争力。以创意为瑰宝，以实利为衡准，事事敢为天下先，深商就是这样，靠激情、靠拼搏、靠服膺商业创意，一路赢得先机。四个“难以为继”，没有难倒深商；国内外市场壁垒，也没有难倒深商。深圳高新技术产业一枝独秀，成为东亚经济“雁阵模式”的异类：雁阵的尾巴，反过来成为雁阵的头部。后起的QQ淘汰了血统高贵的MSN，边缘的华为在全球“围剿”国际电信巨头，国际创客机构纷纷到深圳安家落户。

正因为高新技术产业本质上是创意产业，是释放人的潜力的产业，而对知识的尊重和对知识产权的保护，实际上是对人的尊重，对人的价值的认可，这正与深圳天性契合。深圳是个新兴的移民城市，“这里的握手比较有力，这里的微笑比较持久，这里看重人的尊严、智慧和爱的力量”。有理想、有知识、有创业激情的年轻的新移民聚集在这个城市，平等相处，互守边界。深圳的城市精神与气质，与高新技术产业的精神与气质，高度一致。在深圳这样一个鼓励创新、宽容失败的大氛围之下，“人”字被大写着，人的积极性、创造性决定企业有无限的活力和创新能力。

20世纪90年代中期以来，国家宏观经济政策强调政府规范与干预，大大不同于80年代以放权让利为特点的自由放任政策。打击“走私”、紧缩“银根”、“重振”国有企业、“规范”民营企业……以外贸起家、以灵活见长、以私人企业为主体的广东、深圳经济一度备受打击。贸易热钱、地产热钱、股市热钱……先后从深圳撤退，靠热钱维持的华丽排场落幕，因热钱而显赫的早期商人退出深圳商业舞台。黄沙淘尽始见金，面对艰难时日逼迫依然坚守深圳的创业者必须寻找到既符合政府规范又有丰厚盈利的新的商业模式。

20世纪80年代的深圳人忙于在内地与香港的经济落差中赚钱，90年代的上海人在中国与西方发达国家的经济落差中赢利，自主创新、自主品牌还没有进入上海商人的视野。

深圳新移民，带着淘金梦想来到深圳，除了满脑子想法和对财富的渴求，一无所有，一无所靠。一些知识分子型的深圳创业者对自己的技术很自信，但是对搞关系不擅长。他们中的很多人原本是自己单位的科研骨干、技术精英，就是因为不满“官本位”体制对技术人才的歧视、压制和排斥，才愤然南下深圳另谋发展的。基于知识分子人格，他们对于胡雪岩式的“红顶商人”其实是瞧不起的，从内心深处就对官商之间的蝇营狗苟极为反感。基于技术上的自信，他们又不服老外，认为外国人的技术并不比自己强，凭什么从中国赚走那么高额的利润？于是，他们憋足了一口气，砸锅卖铁地干起了高科技。很多后来很成功的深圳高科技企业在创业初期，条件之简陋令人咋舌。今天的人们在比较京、沪、深的高科技产业的时候，多惊叹于深圳高科技企业的发展之迅速、成功之辉煌，很少深究这些崛起于草莽之间、从不坠青云之志的深圳创业者内心深处的精神追求和人格魅力。

“文化沙漠”里生长着梵高的“向日葵”

2005年新年伊始，“树小、墙新、画不古”的深圳做出了把文化产业列为深圳第四支柱产业的惊世之举。

从文化底子薄弱，到文化产业成为这个城市的第四支柱产业，这到底是一场急功近利、头脑发热的文化“大跃进”，还是继率先发展高新技术产业的果断决策之后又一次英明睿智的产业抉择？是四面合围、别无出路的望梅止渴、画饼充饥，还是以“文化”的名义打破僵局、化腐朽为神奇的神来之笔？

2006年，美国一家历史最久的大型商业杂志、也是全球最为著名的财经杂志报道了深圳大芬油画村。《福布斯》杂志第7期以“生产梵高”为主题，以“生产而不是创作油画，深圳大芬村的油画公司正在颠覆画家们的神经”为副题，以现场纪实的描写方式，向它的上亿读者介绍深圳的大芬油画村。

不愧是《福布斯》！这家杂志之所以被誉为“美国经济的晴雨表”，就是因为它总能以点睛之笔为世界企业高层决策者指引投资方向。《福布斯》看得很清楚：深圳大芬村的画匠们是在“生产梵高”而不是“创作梵高”。

如果仅仅是“生产”，那么生产梵高还是生产电子表，又有什么不同呢？

《福布斯》的文章是这样写的：“李俊阳在有些狭窄的像民居一

2010年上海世博会深圳馆位于上海浦西最佳实践区的展馆内，名为《深圳，中国梦想实验场》的展览，再现一个个普通的深圳人感人的梦想。它以深圳的一个城中村——大芬村的再生故事作为叙事主线，从大芬村的演化和再生故事为出发点展示一个年轻城市40年巨变所创造的奇迹背后的真实动力——人的故事、人的梦想和创造力，以及一座城市的文化精神和未来想象（王小可 摄）

样的画室里，飞快地舞动着手中的画笔，两个小时下来，一幅梵高的名画《向日葵》诞生了。这位瘦小的中国女孩只有18岁，但一年来已经在深圳大芬村画了近千幅梵高的作品。在这个位于深圳布吉的村落里，李俊阳和上千名像她一样站在油画布前挥笔的人被叫作画工，或者更文雅一点地说是画师，他们画出来的油画通常被称为行画，‘创作’这个词在这里并不被挂在嘴边。‘我们是在生产油画。’李俊阳的师傅吴瑞周说。49岁的吴瑞周成立的集艺源油画公司是当地规模较大的油画公司之一，拥有58名画师，2005年的营业额近2,000万元。”文章还写道：

“到2005年底，大芬油画村有445家像集艺源这样从事油画生产和销售的公司。在这个拥挤的、只有4平方公里的农民聚居村落里，蜿蜒的小街上全是各种书画销售门店。从梵高的《向日葵》到达·芬奇的《蒙娜丽莎》，世界名画在这里可以大批量地手工生产。除了临摹名画，各种装饰性很强的风景画和人物画也很受欢迎。据当地政府的统计，整个大芬的油画销售额从2004年的1.4亿元人民币增加到2005年的2亿元，数量超过600万张，出口比重达到90％，美国、欧洲和中东是其最主要的出口市场。”

这样的描述，适合于深圳任何一个出口加工区的场景，只需把油画换成其他出口产品。深圳的制造业生产许多像油画这样的中国人并不常用的东西，大芬村的油画是为美国和欧洲的家庭装饰市场生产的，深圳其他工艺礼品厂商生产的芭比娃娃和圣诞树也是销往欧美国家的，这两者之间没有什么本质的不同。深圳的行画取代韩国的行画占领欧美市场，是因为人工便宜；深圳的加工厂取代台湾和香港的加工厂，也是一样的道理。《福布斯》指出：“油画是手工艺术，除了画布、颜料等基本的固定支出之外，人力成木是其中最大的支出，通常占到总成本的2/3。大芬村画工的平均月薪1,000多元，出产的油画的价格通常只有其他国家（比如韩国）的1/3甚至更低。”因此，人们都知道，在大芬村有世界上最便宜的油画，就像在深圳有世界上最便宜的电子元器件一样。

那么，为什么油画生产被看作是深圳文化产业的典型，在深圳的“文博会”上抢尽眼球，而服装、皮具、传统工艺礼品却被当作是传统制造业被排除在政府文化产业扶持的范围之外？

事实上，服装、皮具、工艺礼品，其他制造工业，高新技术产业，乃至房地产业，可能才是深圳文化产业真正萌生的土壤。源于上述产业的平面设计、工业设计、建筑设计，相对于大芬的行画生产而言，更需

画家张观乾正在作画。张观乾来深圳大芬村已有10年，随着国内经济的发展，目前他所接国内订单已超过国外。作为城中村转型的典型案例，大芬村带给人们的不再是价值10美元的复制名画，而是一个昔日小小城中村因发展文化产业而重获新生的发展轨迹（何龙 摄）

要创意、更需要文化创新、更具有本土文化含量。深圳的商业广告，尤其是房地产广告，投入之大、创意之新、设计之用心、制作之精良、经济收益与人文影响，皆不输于大芬油画。万科等房地产商发起的“新住宅”运动，被媒体评价为“源自深圳的21世纪的文艺复兴”，这与当年欧洲的文艺复兴有惊人相似之处，那就是：被誉为文艺复兴大师的早期人物大多是为新兴市民阶层服务的画家、建筑家，他们用精美的建筑把新兴的市民价值观具象化、物化，在时尚的市民新宅中，圣母玛利亚的神像被取了下来，美丽市民蒙娜丽莎的肖像挂了上去，文艺复兴就这样开始了。但是，大芬的油画不是为了深圳的新住宅作装饰之用的，大芬的市场在欧美。如果说，源于深圳的新住宅运动也可以近似地比喻为一次新的文艺复兴的话，那么，这场文艺复兴的主角是深圳地产界的建筑设计师，大芬的油画商们还无缘与此沾边。

大芬的意义不在于此。

大芬油画村的意义或许在于：以绘画技术为谋生手段，原本在深圳是行不通的，有了大芬村之后，即使是技术欠佳的画工也可以被纳入油画生产的工艺流程，不仅个人可以谋生，而且行画生产本身也成为一个相对独立的产业。早期来深圳的知识分子、文学家、艺术家，大多流落街头，找工作之难，难于上青天。好不容易找到一个工作，也很少专业对口：舞蹈家陪吃饭，歌唱家陪喝酒，文学家被呼来喝去当秘书，那是再常见不过的事情了。至于学了美术但还不能称之为画家的新手，就只能在办公室打杂，或者去流水线倒班了。

大芬的油画行业，给了数以万计的、有美术专长的年轻人以出路。他们在都市的村落里日复一日、年复一年地画着某种形状的线，涂着某种色彩的颜料。他们可能是孤独的，是单调的，单调与孤独一如当年的达·芬奇画蛋。他们比达·芬奇幸运的是，他们一边“画蛋”，一边可以用“画蛋”挣来的钱买回供自己糊口的鸡蛋。将来，有谁敢断言，在这成千上万只画蛋的手中，不会出现一双双画出新时代《蒙娜丽莎》的手呢？

从这个意义上说，大芬村画工的手，指引着中国文化人的路。在商业社会中，文化与文化人的作为不是取悦权贵，不是帮凶王化，不是仅仅为帝王谋，而是要成为现代商业价值链上不可或缺的一环。

事实上，现代文化之于现代商业，不仅不可或缺，而且具有四两拨千斤的价值杠杆作用。文化，虽然无形，但它不仅能创造出更高的附加价值，而且还能决定有形商品是否能真正实现其价值。一件圆领衫，如果没有人文内涵，这件普通的圆领衫就仅仅具有十几块钱的使用价值，而且还未必卖得出去，使用价值就未必能兑现；但是，如果这件圆领衫是件时尚的文化衫，其市场价格就会因此上升到几十块，而且短时间内可以实现大量的销售。这就是文化与文化产业的一个真实写照，文化人从中可以看到自己在商业社会中的价值与出路。

在现代社会向物质满足高歌猛进的过程中，潜在的文化需求更是一个深不可测的财富富矿。美欧一些国家的文化消费占家庭消费的30%左右，也就是说每消费10块钱里头就有3块钱是用于文化的。此中蕴涵的商业机会与潜力是无可估量的。就是《福布斯》登载大芬村封面的那一年，美国电影、电视和音像出版等总收入已达700亿美元以上，成为美国出口创汇仅次于航天业的第二大产业。一个剧目就是一个市场，一个可以获利数年、十年乃至几十年的产业。一部《西贡小姐》歌剧，全球收入超过13亿美元；一部《狮子王》动画，全球赚了7.4亿美元；一部《泰坦尼克号》电影在世界150多个国家和地区上映后，赚回了20亿美元的票房收入；一本《读者文摘》杂志年营业收入就高达25亿美元。从1995年开始，日本娱乐业经营收入达到35万亿日元，超过了当年日本汽车工业产值。

今天的大芬，只挣回区区几亿元人民币，相比之下，尚不足挂齿。但是，正是透过大芬的油画作坊，深圳人看到了中国文化产业与世界文化产业的巨大落差、巨大利差，看到了深圳文化产业远大的商业前景。

在直辖无望、扩地无望、粗犷的外延式增长无望的大背景下，深圳人决定把文化产业作为继高新技术产业之后的又一个战略产业来发展，希望在既定的土地面积上，以更少的物耗、能耗，创造更大的经济效益、社会效益。

如果说，高新技术成果产业化尚需要机器设备、生产厂房、货物储运，需要大量的物耗、能耗的话，相比之下，文化知识的产业化简直不需要水、不需要电、不需要标准化厂房，只需要脑子一转，万千财富就会滚滚而来。只要想想大芬村的一支支画笔是如何画出一张张美钞、小小的好莱坞是如何用几卷电影胶片掏空世人的腰包的，你就不得不承认：以文化产业来突破对深圳的土地限制、空间限制，真乃是神来之笔！

文化产业勃兴，是现代产业结构升级的自然趋势。从工业制造中衍生出工业设计，从商品推介中衍生出广告设计，从技术创新中衍生出尊重创意、尊重人的人本文化，从品牌营销中衍生出诚实、守信、为顾客创造价值的商业精神，从商业实践中衍生出商业惯例、商人性格、商业文明，这一切都是自然而然的演变，逻辑清晰，毫不牵强。但是文化产业之路，看似平常，却最为崎岖。个人介入文化产业，无须跨越专利技术门槛，但是个人创意要风行天下，却需要在企业注册、行业监管、知识产权保护、投融资体制等诸多方面首先取得突破，是对社会宽容度、对法制健全度、对城市文明程度的严肃考验。深圳能否取得成功，尚需拭目以待。

深圳金融业的放与收

没有配套的金融服务，没有相应的资本市场，任何产业的做大做强都是一句空话。

经济特区初创之时，人民币不能自由兑换，汇率不能自由浮动，资金也不能自由进出，特区内港币、人民币“打架”，给外商投资、经营带来了很多不便。在这方面，中国的投资环境，不但比不上“亚洲四小龙”，甚至也比不上亚洲其他一些国家，如泰国。为了从根本上解决这种金融混乱的问题，当时曾设想在深圳经济特区发行特区货币。

1981年5月，广东省在给中央的《关于我省试办特区的情况报告》

松山湖生产基地终端生产线，坐落于东莞松山湖高新技术产业开发区。作为目前业界可见的自动化程度最高、生产精度最高的智能手机生产线，华为松山湖生产基地具备了从原材料供应、半成品加工、整机组装、测试、包装到发货的全流程能力（图片提供 深圳报业集团图片库）

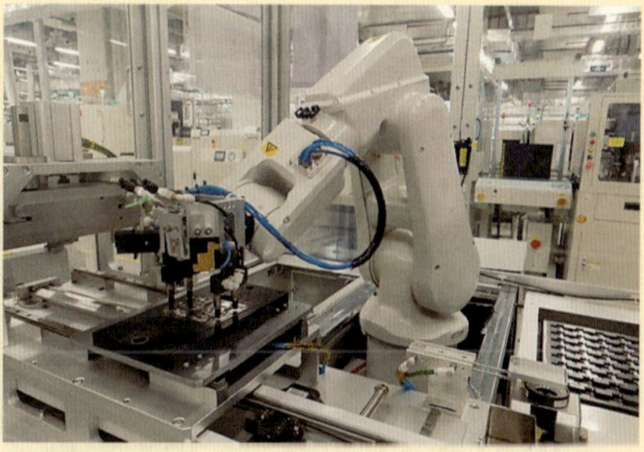

中提出："从长远着想，发行使用专用的特区货币，可能是最好的选择。"理由是世界上以引进外资为主的地区和国家，除提供优惠条件、良好的投资环境和完善立法外，在金融货币政策上大体是允许货币自由兑换，汇率自由浮动，资金自由出入，允许外资银行大量进入的。

1984年2月，邓小平第一次视察特区，深圳市委在向他汇报工作的过程中，也提出了发行特区货币问题。邓小平回到北京后，于2月24日上午，找中央一些领导同志谈话，他强调："我们建立特区，实行开放政策，有个指导思想要明确，不是收而是放。"随后他谈到了发行特区货币的问题："特区要搞特区货币，因为人民币不能浮动。搞特区货币，外币就可以自由兑换，这样才能调动外商、华侨来投资的积极性。深圳不搞自己的货币，经济发展不起来。"

呼之欲出的特区货币都已经设计好了。国务院副总理谷牧回忆起设计特区货币的趣事：那时中国人民币的版面上，还没有用政治领袖做图案的先例，多是用工农兵群像、民族大团结的群像，或者是用中国的重大建设项目和风景名胜做图景。他说："特区货币的票样用什么图景

毗邻香港的深圳福田保税区转型升级（钟华登 摄）

呢？当时提出用炎黄二帝的头像做图景，后来派人到中国历史博物馆去查历史资料，找出来炎帝的头像，头发长长的，还有两个角，像野人似的，后来就选用了黄帝的头像。黄帝是全世界华人公认的始祖，用他的头像有利于团结广大侨胞和港澳台同胞；有利于对外经济的开展。”

但是，把经济特区看成是纯粹的出口加工区的人们认为，外商最关心的是关税减免等优惠条件，不发行特区货币，不会成为大量引进外资的障碍。长于计划经济的人们，也表示反对。就在特区货币已经印好准备发行时，阻力还是不断。特区货币最终不了了之，深圳独立的货币体系最终没有建立起来。

与特区货币的无疾而终相仿，深圳资本市场也是有形之手与无形之手的角斗场。

中华人民共和国的股票市场，发端于20世纪80年代初期。1983年，中国第一家股份制企业“深圳宝安联合投资公司”宣告诞生。1984年，上海“飞乐音响”作为中国第一家公开发行股票的企业，拉开了中国股票发行的序幕。1986年，中国第一家证券公司——深圳特区证券成立。1989年后，“姓资、姓社”问题纠缠着中国资本市场。

在这一关键时刻，邓小平1992年一路南下，发表了针对股票市场的讲话。他指出：“证券、股市，这些东西究竟好不好，有没有危险，是不是资本主义独有的东西，社会主义能不能用？允许看，但要坚决地试。搞一两年，对了，放开；错了，纠正，关了就是了。关，也可以快关，也可以慢关，也可以留一点尾巴。怕什么？坚持这种态度就不要紧，就不会犯大错误。总之，社会主义要赢得与资本主义相比较的优势，就必须大胆吸收和借鉴人类社会创造的一切文明成果，吸收和借鉴当今世界各国包括资本主义发达国家的一切反映现代社会化大生产规律的先进经营方式、管理方法。”

邓小平的讲话成为中国股票市场诞生初期的思想理论基础。在此后短短十几年时间里，中国股市走过了发达国家一二百年走过的路程，推动了国有企业的改革和脱困，带动了一批重点行业的发展，催生了一批国产名牌。股市还为民营企业提供了广阔的舞台。新希望、东方集团、托普软件、复星实业、海星科技、海王生物、帝贤集团、天通股份等一大批民营或带有民营性质的企业成为上市公司。

中国股票市场是在渐进式改革模式下推行股份制改造的产物，制度设计上一开始就具有“中国特色”：股份公司的股权结构被限定为国家股、法人股、社会公众股和外资股四类，其构成比例由政府有关部门决定，大体上前两者的比例占2/3。国家股不得与社会公众股一样在证券交易所自由流动，法人股则只能在法人之间进行转让。国有股、国有法人

位于华强北的赛格集团是最早的上市企业之一（图片提供 深圳报业集团图片库）

股的控制权本应由投资者掌握，但是因没有出资人代表机构，国有股的不流通和法人股在法人之间的转让活动事实上由证监会控制。发行前国有净资产的折股价最高不得超过1.54元，社会流通股的溢价则不能低于国有股的发行价。这样，除了在上海证交所开张之初的“老八股”中尚有几只股票是全部流通的之外，以后在沪深两市上市的公司则都发行了不能在股市流通的股票。

这种制度设计带来了一系列严重问题：第一，破坏了市场的公平原则。所谓公平原则，就是按照股市上的出资额来确定持股比例，遵守“同股同权同利”的原则。也就是说，同次发行的股票，每股的发行条件和价格应当相同，任何投资者认购的股份都应支付相同的价款；所有股票持有者都应享有与所持份额相应的权利和义务。但是中国股票市场却是由行政部门（*而不是发起人*）来决定股权的结构，这种做法不仅限制了股东自主决定出资比例的权利，而且将股东划分成不同的类型区别对待，因而从股份公司设立之初就奠定了不平等的基础。第二，破坏了市场机制，市场配置资源的效率下降。在市场经济中，效率是资源配置的最高原则。所谓资源优化配置，就是指在同等风险下只能由收益最高者获得资源，或者在同等收益下只能由风险最小者获得资源。而股票的价格，则是判断上市公司经营优劣的最主要工具。但是在被割裂的中国股市中，股票价格与上市公司价值脱离。在恶性炒作下，劣质股票的价格会远远高于优质股票，由此导致资本配置效率大幅降低甚至出现“逆向流动”，这种“劣胜优汰”的市场机制给中国的市场经济带来很大的破坏。

货币、银行、股票、基金、信托、保险，真的那么神秘莫测吗？

什么是银行？银行最早叫“板凳”，银行的英语名称是Bank，这个词来源于意大利语Banco（*长凳*）。11世纪时，欧洲商业日渐兴起，当时威尼斯和热那亚曾经是沟通欧亚的贸易要冲，四面八方的生意人云集，流通着各国货币，为了鉴别和兑换，出现了钱币商。由于条件简陋，办事处只有一条长凳，所以商人们称它Banco。早期的银行家被称为“坐长板凳的人”，英语转化为bank，意思为“存放钱的柜子”，也没有任何神秘之处。1580年意大利的威尼斯成立了世界最早的银行；1694年创办的英格兰银行是世界最早出现的股份制银行，标志着现代银行的建立。十七十八世纪，现代银行体系纷纷在欧洲各国建立。这些银行都是商人的创造与发明，并非出于国王的主意。

股份、保险，就更不神秘了。欧洲中世纪的海上贸易极不安全，恶劣天气、陌生航线、海盗、海难，随时会使贸易商人血本无归。于是，商人们“很快便发展了一种分散风险的商业技巧”，譬如：合股买船，通过与他人分享的方法来分散投资风险。海上“船主通常分成股份。在热那亚称为Partes或Locanavis，在威尼斯称为Carati或Stores。船只由一组人所拥有，而由另外一组人来经营”。这样，即使损失一条昂贵的海船，分摊到个人头上的损失也就不大了。这就是有限公司的起源，也是股份和股份制的起源。后来，有些与海运经营完全无关的人开始承担对海运保险的业务，只要商人投保一笔资金，当船只遇难时，则可领到相应的补偿，由此便开始了近代意义上的保险业务。这与今天投资办厂、投资高风险高回报的科技开发项目需要银行贷款、需要吸纳资金、需要发行股票、需要保险和再保险有什么不同呢?

深圳的新式银行业务、保险业务和资本市场业务其实也都是深圳商人自求创新、自我突破才冲破计划经济的樊篱杀出一条血路来的。

招商银行，起源于1984年4月成立的蛇口工业区内部结算中心。1985年9月，企业结算中心变更为蛇口财务公司，开始接纳外部业务。1987年4月，招商银行正式成立，袁庚成为中国第一家企业法人股份制商业银行的董事长。招商银行因市场而生，逐市场而变，不断推陈出新，受到私人企业和城市中产阶级的热烈欢迎，业绩增长和核心竞争力傲视同业，尤其为尾大不掉、积重难返的传统国有银行望尘莫及。继招商银行之后，中信实业银行、深圳发展银行、广东发展银行、福建兴业银行、华夏银行、中国光大银行、上海浦东发展银行、民生银行等各类商业银行相继浮出水面，搅活了中国银行业的一塘死水。

平安保险，起源于蛇口工业区内部的社会保险公司。蛇口工业区，以企业之力，包揽了本该由政府承担的社会保障职能，如养老保险、医疗保险、待业保险和职工困难补助等，痛感计划体制的社会保障积弊之深，远远不能适应市场经济的发展需要。1988年3月21日，平安保险公司成立，并在一开始就按照国际惯例运作，业务飞速发展。1992年，公司

2015年2月23日，深圳，行人从招商银行前走过（王海荣 摄）

更名为“中国平安保险公司”，业务拓展到全国。在中国传统的社会保障体系覆盖不到的领域，中国平安沿着创建新型保障体系的路子，缔造了中国最有竞争力的保险品牌。平安多年连续被评为“中国最受尊敬企业”，实在是有道理的。

在资本市场方面，1987年12月28日成立的深圳发展银行是1949年以来第一家面向社会各界公开发售股票的商业银行。

1990年12月1日，深圳证券交易所开始营业，领先上海证券交易18天。

深沪两地筹建交易所的时间几乎是平行的。深圳毗邻香港，深交所在国贸大厦筹建时完整借鉴了香港联交所的做法，痕迹十分明显。比如

中国平安保险集团发布2016年业绩（图片提供 深圳报业集团图片库）

上市挂牌、交易规则等，甚至连使用的股票代码也与联交所一脉相承；而同期上交所的筹建又到深圳取经，照搬了深交所的规则。深、沪两个交易所开业之后展开了为期十几年的竞争。1995年3月，上交所的成交额开始大幅超过深交所，风头无两；而深交所则加大技术创新力度，使交易系统更加完善安全，同时为上市公司提供周到的优质服务，吸引了各地新公司选择深交所作为上市地。到了1996年8月，深交所的成交额开始全面超过上交所。1996年深交所以174.92%的傲人涨幅跻身全球股市排行榜的冠军宝座——这种足以让上交所英雄气短的巅峰时期一直持续到1998年。直到中国证监会定下了“上海先上一家，深圳再上一家”的不成文规定，不再允许企业自主选择上市地点，上交所才因此缓过气来。可笑的“轮流坐庄制”没有阻遏深圳称雄中国资本市场的决心，但是把主板市场合并到竞争力并不优于深圳的上海的决定，几乎摧毁了深圳基本已经成型的资本市场体系。在行政压力之下，深圳壮士断臂，放弃对短期利益巨大、但长期结构性弊端深重的主板市场的争夺，破釜沉舟，转攻为高新技术产业服务的创业板。

“以客为尊”的深圳服务业

如果说，在严格控制的银行、证券等金融产业方面，深圳尚有许多不确定因素，前景尚不明朗，还需要政府进一步体认市场需求的话，那么，在基本上完全开放的居民服务领域，深圳可以说是百花齐放，五彩缤纷，繁星灿烂，前程似锦。

深圳的移民，是突发式的、浪潮般的和全方位的。不过眨眼工夫，五湖四海的各方移民，便以排山倒海之势蜂拥而来。移民的人数，数十倍地多于本土居民，而且短时间内就形成了一个新的、庞大的族群。改革者、投机商、文化人、阴谋家、暴发户、打工族、淘金者、江湖帮、皮条客、经纪人、创业者、科技精英、企业老总、白领雇员、街头摊贩、江湖骗子、流浪汉，可谓无奇不有。各色人等，鱼龙混杂，阶层甚多，差别很大。但，无论是财大气粗的香港大富豪，还是克勤克俭的来自他乡的打工妹，或是老谋深算的外国金融家，又或是初涉商海的内地大学生，都在这个城市有一席地位，有自己的生存空间，而且活得如鱼得水。

新潮服装、时髦发型、西式婚礼、境外旅游，在深圳大行其道。桑拿浴、保龄球、高尔夫、夜总会、Bar、Pub……生活层面的东西，深圳人绝少禁忌。只要是好东西，深圳都来者不拒，一概接收。深圳人既听摇滚乐，又读《菜根谭》，既吃麦当劳，又去川菜馆。所以，深圳人一般都有较宽的“食谱”。只要到街上去走一走，看看深圳的餐饮业，你就会发现，几乎国内所有的吃法，深圳都有。甚至世界上其他地方有

位于华强北的赛格广场内部（图片提供 深圳报业集团图片库）

的，深圳也有。法国大菜、美国快餐、日本料理、南洋小吃，林林总总，五花八门。

对于深圳这样一种移民城市而言，能为所有移民共同接受的公共原则只有一个：开放与兼容；能让所有消费者称心如意的服务业法宝也唯有一个："以客为尊"的顾客中心主义。

深圳这个城市，原本就是自行其是的。在建市之初，这个城市做的，都是别的城市不做，或不能做，或不敢做的事情。同样，闯进深圳的，差不多也都是些自行其是的人，否则就不会来。因此，他们大多有较强的自我意识和竞争意识，不大容易为别人所左右。你不能迎合深圳人的自我中心需要，你就无法赚到深圳人的钱。

曾经在湖南长沙很火爆的"红太阳演艺"，到深圳后遭遇了"滑铁卢"式的惨败，这是因为深圳不喜欢看别人表演，喜欢自己参与。你再幽默、再搞笑、再性感、歌唱得再好、舞跳得再好，但是如果你不让我参与、互动、分享，对不起，我就拜拜。深圳流行的是卡拉OK、Disco、欢乐谷式游乐、驴行野外、登山、航海，不是傻傻地坐在舞台底下看别人表演、被别人挑逗。

深圳人自己发明的经典娱乐方式是“大家乐”。易中天在他的《读城记》中是这样描述的：我到过红荔路上荔枝公园附近的“大家乐”。那里舞台宽大而场地开阔，设备优良而票价低廉，任何人只要花两三块钱就能买张门票进去观看演出。如果有兴趣也有胆量，还可以登台献艺一展歌喉。不想花钱也不要紧，你可以站在外面看。大家乐舞台是开放的，也是兼容的。它没有高耸的围墙、森严的门卫，只有一道低矮空疏的栅栏，象征性地立在座位后面，却留下许多空间，一任围观，不折不扣地是“大家乐”。

深圳不认“大腕”。深圳人来自五湖四海，平日里忙于自己的事业，很少有闲情逸致玩名人崇拜，他们对名人尊重但不谄媚，哪怕你声名再显赫，他们也只是看你一眼，多一句议论都不会有的。深圳人并不管你是大师还是混混，反正你有本事我不嫉妒，你有运气我不羡慕，你有成就我不在乎。有缘握手言欢，无缘抬腿走人，人际关系简单到了谁也不会太在意的地步。

平等相处，没有特权，这些在其他城市可能难以想象的事情，在深圳却司空见惯。深圳因为没有历史包袱，没有各种关系，没有论资排辈，没有仗势欺人，所以对人一视同仁。哪怕你怀才不遇，哪怕你贫穷潦倒，哪怕你大名鼎鼎，哪怕你鸿运高照，只要你在深圳，别人就不会把你当回事。在这样的人文环境里，你会觉得任何人都并没有什么了不起。即使再有名气的人物，到了深圳都可以打回原形。

为了伺候好这样一群我行我素的“刁民”，深圳的餐饮、酒店、购物、休闲、民居、旅游、医疗、教育等居民服务行业把“服务牌”打到极致。在深圳喝早茶，你不用担心消费太少而有什么不好意思，更别担心休市时间到了或座无虚席而催你买单，你尽可以像在自己家里吃早餐那样惬意和舒适。深圳这个地方，服务态度与服务水准非常人性化，常常让你受宠若惊之余，还觉得一切都非常自然。

这就是真正的舒服。

祖籍台湾、出生于上海、周游全国、极为挑剔的廖金泽，最后“抛弃”了上海，选择了深圳，他之所以这样选择，据说有许多理由，给人印象深刻的，是从“头”到“脚”的两条理由：

一、深圳洗头：那个舒服那个爽。上海讲究吹风定型，深圳讲究洗头舒服；上海人进理发店是为了卖相好看，深圳人进发廊是为了享受轻松。两地对洗头的理解与做法完全不同。传统的洗头是理发过程中的一个清洁环节，匍匐在洗头盆前，只有难受，没有舒服。深圳的洗头有一整套严格的标准程序，时间、位置、力度、次数，每个细节准确到位。收费普遍比上海便宜，但洗头时间却长达四十多分钟，而且一招一式特别讲究，那个舒服那个爽，像是抓挠到心弦上，痒痒酥酥麻麻的，舒服到心尖儿都颤，爽到指尖儿都酸。

二、深圳洗脚：满足成瘾。深圳最有特色的市民生活，从头到脚都有讲究。仰躺在宽大的沙发里，放松你的身子，将双脚浸泡在滚烫的中药水里，一阵暖意顿时由足底缓缓升起，渐渐弥漫全身，直至浑身酥软，再无力气计较世事名利……而论揉捏力度的把握，上海足浴店里扬州师傅的手上功夫肯定不如深圳这一行里的技师出色。在上海洗头、汏浴、扦脚的清一色是扬州师傅，但是如今做这一行，善解人意的还属四川、江西、湖南一带的女人。也许那些地方的人走南闯北，见多识广，会恰到好处地拿捏客人的感受。而扬州人受传统影响较深，又只喜欢在离家乡较近的上海城里安守本分，手势是老派的，做法是传统的，循规蹈矩起来甚至比她的师傅还固执，所以你想让她轻易改变手的力道，某些部位多做些时间多用些力，某些地方手势要随机应变恰到好处，她是断不会听你指挥的。这不像深圳的足浴技师，事先会小心翼翼地试探客人的反应，会根据客人的要求提供合适的做法，也会通过对客人察言观色来随时调整自己的手法及力度，这种本事几乎已经成为深圳足浴业内最起码的职业水准。在这种非常个性化的专业服务伺候下，你只有乖乖任其摆布并且好好受用的份儿，还能再奢望什么？

对一个城市的喜欢，有时候完全只是生活习惯上的某种依赖，从对这种依赖的态度与满足程度，可以清楚地看出不同地区相关业态背后商业理念的巨大分野。

第五章

最便于商业创意展开的地方

“城”与“市”

在城市化与现代化如影随形的今天，对城市的理解力决定一个城市的发展远景和商业前景。

早期的城市源于游牧部落和农业社会的“集市”。往往是一处交通方便、饮用水充足的所在，或者是部落与部落的交界处。先是有一些方便交易的简单设施，参与交易的人有“市”则聚、无“市”则散，城市的“市”道明了城市的早期含义。后来一些专门为方便集市交易提供服务的人和专门生产供交易的商品的工匠艺人在集市附近定居下来，“市”的规模不断扩大，交易与制造功能日益增强，筑城自卫就有了必要，“市”于是成了“城”。

集市交易和手工制造最初是附属并服务于部落经济和农业生产的，是后者的补充和延伸，后来渐次发展壮大，成为整个社会经济中不可缺少、甚至是最为重要的一环。

由于工业革命及其以后一连串的技术革命，城市的交易系统变得十分发达，城市制造能力突飞猛进，城市生活环境也越来越方便和舒适。蒸汽机的发明使得火车、汽车、轮船取代了马车和纤绳，游牧部落的骑术连同马背上的族群一起淡出历史舞台；纺织机的运用淘汰了所有的家庭纺织业，描红刺绣的手艺仅仅流传在特色商品的生产厂家里；煤炭、

深圳文博会“一带一路”国际馆“立陶宛的设计”展区，展品创意新颖，观众与展出方互动不断（齐洁爽 摄）

石油、核能、太阳能的开发利用，使欧洲城堡因为木柴不足而冻死人的惨剧永远成为历史故事；电报、电话、电子传媒的发明和应用把地球变成了一个小小的地球村，人类生存经验上下传承的次序改变了，年轻人可能比自己的长辈更懂得在城市中谋生的诀窍；新技术把垃圾都变成了可用之材，乡村不再是新材料的来源地；生物工程把农业也迁移到城市，即使在郊外的农场，那里的农业生产也是按照工业生产的模式来进行的；乡村甚至不再是城市产品的主要市场，古色古香的乡下农舍可能是个不错的周末度假胜地，但再也不是我们世代聚居的家园。精心打造的城市及其近郊才是人类生产和生活的主要场所。

中国传统的城市与乡村

与上述西欧商业城市发展之路大异其趣的是，中国古代城市一直遏制城市的交易功能和制造功能，以便确保各个城市始终处于封建君主和官僚机构的掌控之中。自秦汉始，豪强地主政权为了自己对土地、地租和农业人口的绝对控制权不致受到新兴工商业主的挑战，推行重农抑商、打击工商巨子的政策，只允许经营小商铺、家庭作坊，规模稍大的手工工场都收归官营，盐、铁等可能快速积聚财富的行业更是全部由官府专营。

由于城市的交易功能和制造功能因为人为遏制而始终处于幼稚状态，中国古代城市一直是作为政治中心而存在，城市文化服务于政治、城市经济也服从于政治，小城镇可能有集市作用，大城市完全是消费性的而不是生产性的。这类消费性城市的日益坐大和官营工场的低效率，大大推高了农村经济的经营成本。地主官僚机构的日趋臃肿和依赖各种地租生存的城市寄生人口的日益膨胀，终于使城市成为小农经济不堪重负的累赘。走投无路的农民只有揭竿而起，以暴力的方式毁灭城市中庞大的官僚机构，用战争手段消灭剩余人口。新政权未必更好，但是肯定更小。这里边就隐藏着千百年来中国王朝不断更替而社会形态却没有明显改进的历史秘密：交易功能和制造功能受到遏制的城市无法产生新兴的社会阶层，当然也无法衍生新的社会形态，城市始终作为农村经济的附庸而存在，从来没有真正成功地领导过农村；小农经济需要一个强势的城市政权，但是农民没有办法控制消费性城市机构与人口的恶性膨胀；城市扩张规模与乡村给养能力不足的矛盾最终只有依靠周而复始的改朝换代来暂时缓解。

六万多平方米的新围村城中村改造取得初步成效（丁庆林 摄）

有人曾经运用马尔萨斯的人口理论来研究过中国农民起义周期与人口增长周期的关系，两者并不完全吻合，但是大的农民起义周期与官僚机构、城市人口的膨胀周期有惊人的一一对应关系。这表明中国的农民起义并非如一些西方学者所说的那样是社会总人口与社会总资源矛盾激化的结果，而是与城市消费人口，城市官僚机构的腐败程度、膨胀速度有着更加密切的联系。而城市消费人口，城市官僚机构的腐败程度、膨胀速度比按照几何级数增长的人口增长速度还要快，这就是“社会总人口与社会总资源矛盾激化论”认为不应该发生农民起义的时候却发生了大规模农民起义的原因，而当“社会总人口与社会总资源矛盾激化论”认为应该爆发农民起义的时候，却由于统治当局采取了改革措施削减城市支出减轻农民负担而缓解了农村危机，使得农民起义往后推迟了。

这个研究很有意义，不过这里要强调的是，如果遏制城市交易功能和制造功能的局面不能改变，中国的农村就没有出路。换句话说，发展中国城市、完善城市产业功能才是中国农村、农业、农民问题最终得以彻底解决的根本途径。从这个意义上说，中国城市发展要与千百年来的旧思路彻底决裂，走另外一条全新的路。这条全新的路，近代上海曾经摸索过，深圳则在20世纪末才开始尝试。

城市化与现代化

城市化、商业化，使人类获得了相对于农业文明的更强大的产业竞争力。一是城市交易系统发达到社会分工合作无所不在的地步，分工很细，专业要求很高，商业交易频密，几乎人人都是二道贩子，人人都是商人，人人都是城市交易链上的一个环节……结果是形成了集约经营的、效率比农民单干高出十几倍、几十倍、上百倍的规模经济；二是城市制造业因为科学发明、技术创新而日臻完美，几乎达到无所不能造的地步，从而从根本上结束农业社会中人类靠天吃饭的历史。

繁荣不是来自对既有财富不择手段的搜刮与聚敛，而是源于对新财富和新价值合乎理性的创造和追求！广义上的“商业”才是城市的命脉。商业上的便利性，才是城市优越性的最基本的依据。

尊崇人的想象力和创造力，以合乎人类理性的商业法则，充分释放人的潜能，这是近代西方工商业蓬勃发展、现代商业文明席卷全球的深层奥秘。欧洲中世纪9到13世纪这段时间，城市化运动率先在亚平宁半岛等地兴起。附近许多贵族庄园里的农奴跑到新兴的城市里来，成了独立谋生的自由人，进而构成威尼斯、热那亚、佛罗伦萨等工商业城市的市民阶级。市民们以城市宪章等契约的方式界定个人事务与公共事务的权利关系，实行城市自治。由于个人的商业利益得到合理的尊重和保护，商人的积极性充分调动起来，商业财富像滚雪球一样积累起来。富裕的

大力发展前海是深圳推进的重要战略（图片提供 深圳报业集团图片库）

城市生活又进一步引发了对文学艺术的需求，催生了影响深远的“文艺复兴运动”。发端于意大利，并迅速席卷整个欧洲的“文艺复兴运动”，宣扬“以人为本”而不是“以神为本”，关注世俗生活甚于关注天国生活，是意大利城市商业精神的总结与升华。文艺复兴运动极大地激发了人的积极性、主动性、创造性，带来了一连串的思想革命、技术革命、社会革命，现代文明的根基实在由此而奠定。

得到商业文明真传的深商

当年深圳的贫瘠与偏僻，一如历史上亚平宁半岛上的威尼斯水城。无数从计划体制的藩篱中逃离出来的男男女女，由四面八方汇聚到深圳。他们原本不是什么商人，除了力图开创新生活的梦想与追求，除了属于自己的身体和自己尚可自由支配的劳动力，他们几乎什么都没有。

就像拜占庭帝国给了威尼斯商人财富和经验一样，来自香港等地的外资企业给了深圳人经受西方商业文明洗礼的机会，深圳人不仅在这些企业里淘到了第一桶金，积累了创业的初始资金，更重要的是，他们在这里习得了商业经验、掌握了现代社会的商业法则。

尤为幸运的是，初出茅庐、下海创业的深圳人迎头赶上了信息技术革命的新浪潮，层出不穷的新技术带来了无穷尽的商业机会。而新技术、新产品的不断研发，所仰仗的，正是对人的创意和人的潜能的有效激发。人，才是一切财富的源泉。深圳人一下子把握到了现代商业文明的根本。对这种“根本”的准确把握和熟练运用，深圳人甚至超越了他们的“导师”——香港。当华为的“人黄金”换回来跨越国界的真金白银时，传统的等价交换算式失灵了；当别的城市为招商引资打得头破血流的时候，深圳开始定位为最适宜个人创业、最便于商业创意展开的现代商业都市。

最适宜个人创业、最便于商业创意展开的地方

游牧生活要面对迁徙的不确定。

农耕生活要面对气候的不确定。

经商做生意要面对市场的不确定。

我们面临的是一个不确定的世界，挑战不确定就是冒险。任何生意都是冒险，企业家都是冒险家。唯有层出不穷的商业创意像千百支探照灯一样，可以用来照亮前行的路，为未来商业发展觅得新的生存空间。

我们处在一个充满诱惑、同时又充满羁縻的社会，唯有谨守商业原则、利益标准，才不至于行差踏错、误入歧途，避免像晋商、徽商那样的悲惨结局。

我们正在迈向一个全面开放、充分竞争的商业社会，敏锐的嗅觉、

港台商客交易会上交流（冯明 王维宝 摄）

迅疾的行动能力、登峰造极的制造工艺和商业细节，是在近身肉搏的商业竞争中不被击倒的关键，“敢为天下先”的涵义不仅仅是“第一个做”，而且是要“做到第一”。

事实上，所有真正的商业公司都是围绕一个商业创意来设立并配置资源的。“以创意为瑰宝，以实利为衡准，事事敢为天下先”，用商人的语言来解读，意思就是：发现并珍惜好的商业创意，用商业眼光、商业手段来评判并实现其价值，以最快的速度、最好的工艺将该创意的商业价值发掘到极致！只有官办企业才会将长官意志凌驾于商业创意之上；只有保守和没落的商业公司才会漠视商业创新、把公司的既定资产看得比商业机会更重要。

看一个公司有没有前途，有且只有三个标准：一，是否拥有好的商业创意；二，是否拥有将商业创意完美实施的执行力；三，是否拥有持续创

深圳文博会成为展示深圳文化改革发展成果、促进中外文化交流合作的亮丽名片（图片提供 深圳报业集团图片库）

新的能力，即：持续获得好的商业创意并使其完美实现的机制和能力。

评价一个城市、一个社会是否有活力，是否有商业竞争力，只需看一个其貌不扬、只有一纸商业计划书的穷小子在这个城市、这个地区的命运：如果他遭遇的是当地人的白眼、是投资者的迟钝、是政府官员的傲慢、是盘根错节的人际关系、是对商业利益和知识产权的无法无天的侵害与剥夺，那么这个城市、这个地区是绝对没有前途的。相反，如果当地人一听有好的商业创意就眼睛发亮，有意向的投资者敏感而精明，包括政府等公共机构在内的中介服务热诚而专业，工商和城市管理制度都是本着便利商业创意展开的精神而设立，舆论和司法对合法商业利益百般呵护、细致而周密，社会评价普遍鼓励商业冒险、鼓励个人创业，那么这样的地方一定是“比尔·盖茨”层出不穷的地方。

按照上述标准来衡量，深圳是迄今为止中国内地最适宜个人创业、最便于商业创意展开的城市。尽管这种优势主要还是源自移民城市的天赋和香港商业惯例的熏染，但是以高新技术产业为代表的商业领域正在诞生新型人格的企业家，并且奉献出 “以人为本、创意为王”的全新的商业价值观。随着这种价值观风靡全社会，它不仅将颠覆传统乡宦社会的价值伦理，而且将颠覆近代以来古典主义的商业伦理、财富伦理。与此相适应，社会组织形式与权力架构也将因此而发生革命性变化。譬如，作为一个“商帮”，深圳商人团队将再也不是依靠血缘、乡缘来缩结，而是依靠基于权利自治的新型商会来组织。这样的商帮，彰显的不是 “帮主”的权利，而是商人的权利。商人和市民的权利主张，或将揭开历史新的一页。

大上海的“财富帝国”与新深圳的“创意王国”

2006年8月21日，美国《时代》周刊发表记者麦克·舒曼（Michael Schuman）采写的报道：《深圳的诞生与再度辉煌》（*The Birth and Rebirth of Shenzhen*）。

报道的导语指出：深圳，这个带动中国荣景的城市，现在必须依靠创意，而非低劳力成本来保持其经济成长，当地政府希望用新的发展战略来为这个“世界工厂”的缩影寻找出路，让她再次成为整个中国经济转型的先驱。

深圳是中国工业革命的摇篮。深圳取得了令人瞩目的巨大成功。深圳面对的转型问题，整个中国经济也会遇到；深圳正在做着中国其他城市也必须做的事情。深圳的规划可能对全球都有影响。深圳应该沿着正确的方向更快地发展。深圳作为一个改革的先驱，这已经不是第一次

创业青年扎堆文博会，展示创意产品和科技新品（钟华登 摄）

了。深圳将再次给整个中国提供答案。

由对资本和财富的追求，到对商业创意的追求，到对人的自由和尊严的追求，到对人性化的创新机制、社会体制的建立和健全，深圳人正在一条被近代、现代文明所验证过的正确的道路上疾跑。

这条商业之路与近代上海的商业之路，不尽相同。

与大上海的财富帝国的定位有所不同，深圳的目标更像是一个人本主义的创意王国。前者导向对既定财富的攀比，后者致力于未来财富的开发；前者青睐志酬意满的成功者，后者宽容壮志未酬的失败者；前者对后来者预设很高的门槛，后者鼓励新来的创业者登堂入室；前者更像巴黎，只要你有足够的钱，你就可以畅行无阻，享受纸醉金迷的愉悦，后者更像硅谷，只要你有真正好的创意，你也可以畅行无阻，体验自我价值实现的快乐；前者是大腹便便的中年成功者形象，手持文明棍，

首次参加文博会的东莞青年创业者展示反重力魔幻水幕（钟华登 摄）

雄视一切，后者是野心勃勃的青年创业者形象，胸中有韬略，叱咤风云……在资本和创意同等重要的发展中国家，深圳和上海的取舍各有利弊，很难说谁的定位更胜一筹。但是，在今天这个商业财富变动不居的时代，深圳价值观正在成为上海价值观最强有力的挑战者。

作为中国明确提出建设的第一湾区，**粤港澳大湾区**从一开始超越了地方层面，属于“**国级**”。在开改革开放风气之先南方推大湾区建设，对中国经**结构转型升级**而言无疑是“加器”。

第六章

逐鹿全球湾区经济

“纽伦港”

2008年春节前，美国《时代》周刊发表了一篇题为《三城记》的封面长文，以专题形式聚焦纽约、伦敦和香港在全球金融体系中的独特地位。

在这篇文章里，作者创造了一个新名词——Nylonkong（“纽伦港”）：纽约（New York）、伦敦（London）和香港（Hong Kong）的联合体。

《时代》周刊给“Nylonkong（纽伦港）”这个新词的阐释是：纽约、伦敦和香港这三座城市因相通的经济文化而互相联系，不仅成为体现全球化的典范，而且也解释了全球化的原因。

“纽伦港”这三座城市都曾是制造业的中心，但都成功地实现了转型，将经济的重点转向服务业。这三座城市“意外地”构建起一个能促进全球经济发展的金融网。因而，“理解‘纽伦港’，你就能理解我们这个时代”。

三座城市都曾是或仍是大港口。作为深海港的意识，是这三座城市获得成功的关键。这三座城市都对贸易敞开了大门，而贸易可以动摇已建立的秩序，并增进人们对外部世界的了解。

伦敦，英国的首都（岳鸿雁 摄）

影响纽约、伦敦和香港的国际贸易和人员往来，推动这三座城市关键行业的发展。如果说19世纪是帝国的时代，20世纪是战争的时代，那么21世纪则是金融的时代。正是银行、投资公司、共有基金和资金管理人员，吸收了客户的资金，将它们投向世界各地，从而构建了全球经济今天的格局。

纽约是整个美国的金融经济中心、最大港口和人口最多的城市，也是世界的经济中心，它的一举一动无时无刻不在影响着世界。纽约是一座世界级城市，它左右着全球的媒体、政治、教育、娱乐与时尚界，联合国总部也位于该市。位于曼哈顿的华尔街，自第二次世界大战后主导了全球的国际金融。尽管2008年的世界金融危机正是从华尔街开始的，

纽约，整个美国的金融经济中心（岳鸿雁 摄）

但是纽约作为全球金融中心的地位仍无可替代。

伦敦是英国的首都和英国最大的港口及欧洲最大的城市，与日本东京和美国纽约共称世界三大都市。伦敦和纽约一直是世界上最重要的金融中心城市，同时伦敦也一直稳居欧洲最大的金融中心城市地位，世界上最重要的、欧洲最大的经济中心。1801年起，伦敦因其在政治、经济、人文、娱乐、科技发明等领域上的卓越成就，成为全世界最有影响力的都市之一。伦敦是多元化的大都市，居民来自世界各地，种族、宗教和文化多元化，城市使用的语言超过300种。大约有一半以上的英国百强公司和100多个欧洲500强企业均在伦敦设有总部。全球大约31%的货币业务在伦敦交易。伦敦证券交易所是欧洲最大及世界上最有影响力的证券交易中心之一。英国即使脱离欧盟，对伦敦作为世界金融中心地位的影响也有限。

香港是仅次于伦敦和纽约的全球第三大金融中心，以廉洁的政府、良好的治安、自由的经济体系及完善的法治闻名于世。香港是中西方文化交融之地，也是国际和亚太地区重要的航运枢纽和最具竞争力的城市之一，经济自由度指数位居世界首位。

香港在2008年全球金融危机8年之后的“全球金融中心指数”排名中跌出前三甲，以2分之微负于新加坡，但是“纽伦港”的名字或许无需改变。

英国咨询公司编制“全球金融中心指数”，统计全球86个金融中心的评价，包括人才、商业环境、市场发展程度及基础设施等。过去香港、新加坡及东京在排名上都互有竞争，香港的弱点在于较少国际企业来港上市，现时上市公司以内地企业为主。其次香港债券市场发展亦较逊色，伊斯兰金融产品的发展亦较新加坡弱，但香港同样具有低税、金融自由度及人才上的优势，提供的金融产品选择亦多。今后“一带一路”及亚投行的推展亦会引发更多的债券发行及融资活动，在人民币投资产品上亦可进一步发展。

“纽伦港”是那些雄心勃勃的公司前往融资或谋求上市的地方。特别是香港，成千上万希望在全球市场筹资的中国公司带来的业务使它获益匪浅。香港股市的资本总金额在1996年后的10年中几乎增长了3倍。

大城市不仅意味着金钱和金融，它们是各种文化和人才的交汇之地，因此才会对那些可以随意选择居住地的金融界从业人员构成很大的吸引力。“纽伦港”的金融服务业的经理人员不停地在全球各地穿梭——每周由纽约飞伦敦的直航航班不低于187架次，由香港到纽约则有28架次。他们下榻自己喜好的酒店，在所青睐的私人俱乐部享用美食，他们继承了托斯卡纳放债者的衣钵，正是这些放债者700年前首次将资本主义的主要手段用到了极致。

《时代》周刊的“纽伦港”描述的是2008年的情形。

2008年以后，全球经济的格局虽然已经有了微妙的变化，但是“纽伦港”的总格局似乎依旧未变。

“香圳”

就在《时代》周刊提出“纽伦港”概念的前一年，美国学者理查德·佛罗里达通过卫星观看全球夜景时发现，在东亚地区的香港和深圳，出现一片连绵耀眼的城市灯光。他将其命名为“香圳”。这个合成词形象地表达了佛氏的寄望：“香港+深圳”很有可能取代东京的地位，成为与纽约、伦敦站在一起的第三大“世界城市（全球城市）”。

2007年2月，特区政府首次提出香港与深圳“建立战略合作伙伴关系，与深圳携手打造世界级的国际大都会”。“港深国际大都会”的概念随即得到深圳方面的积极回应。在规划部门修编上报的《深圳市城

深圳机场（图片提供 深圳报业集团图片库）

市总体规划（2007—2020）》中，明确写入“深圳与香港共建国际大都会”的目标。

特区政府多次强调：

“最重要的是把粤港合作作为一个重要的经济圈的概念做好。”

“香港需要一个伙伴，就是深圳。”

在中国，政府智囊们近年来也逐渐意识到，现行规划层面“香港+深圳”的地位可能被低估，能量未尽释放。

经济学家樊纲判断：“香港和深圳加在一起，很可能在不远的将来成为世界第三大商业中心。”

“香港+深圳”意味着：3,000平方千米、2,000万人口的世界级大都市，4万亿元人民币的GDP，4,000万人次的机场吞吐量，4,000万标箱的港口吞吐量，亚洲无可匹敌的金融中心，中国最重要的经济中心，全球投资者在中国的最佳选择。

深圳学者陈秀珍甚至还做过一项量化分析：深港合作每深化1%，将分别推动深港两地人均产出增长0.87%和0.31%，而香港与广东、内地合作每深化1%，将使广东、内地人均产出分别增长0.73%和0.39%。深港“深度融合”的乘数效应普遍被看好。

香港+深圳，港口优势大增。日本的东京、大阪、名古屋和濑户是依托港口发展起来的四大经济中心，韩国的首尔、神川和釜山成为国际性的制造基地，也是依托港口发展起来的。深圳东部港口水深16米；西部的蛇口、赤湾、妈湾港，处在珠江入海口，却不淤积。深圳港口水深条件可停靠8万吨的巨轮。深圳港航资源国内少有，发展临港工业条件优于上海。

深圳机场是国内唯一集空、海、陆三位一体并可采用过境运输方式的空港，深圳机场有做华南客运门户机场和货运枢纽机场的比较优势。2016年，深圳机场旅客吞吐量超过4,000万人次，货邮吞吐量超过110万人次，起降32万架次，稳居全国机场前列。香港机场+深圳机场，按照“香港主外、深圳主内”的原则分配航线，深圳既可吸收香港机场的管理经验，提升机场运营水平，同时整合双方资源优势，提升运营效益，这对合作双方都是如虎添翼。

京广深、京九、沪杭福深3条辐射力极强的跨区域铁路干线都将在深圳总汇，再加上横跨深中大桥的沿海铁路、高速公路，深圳在中国的铁路交通网上将成为重要的铁路枢纽，深圳在中国高速公路交通网上的地位也将丝毫不逊于老牌的岭南中心城市——广州。香港通过港珠澳大桥可以直通珠江西岸地区，通过深圳可以直通华南、华中、华东、华北，与整个中国内地市场无缝对接。

南山智园。这个启动仅3年多的“创新走廊”已集聚新兴产业园区56个（何龙 摄）

一线关以外，深圳河以南，包括讨论已久的河套地区，现在主要由香港方面管治，这里大片田地和山地，几乎处于未开发状态。深圳河套地区就相当于当年上海未开发的浦东地区，深圳湾区相当于未来深圳的“上海外滩”。只要深港合作到一定阶段，城市规划达成共识，这片土地将为“香港+深圳”真正升级为超一流的世界级大都会预留宝贵的空间。假以时日，深、港的结合部将不再是两地互相防范的关卡，而将代表深、港两个城市共同发展的新高度。在深港河套地区的水田里，将立起中国改革开放和中国城市文明的新标杆。

深圳学者谭刚在分析有关深港合作目标的代表性表述时发现，“深港经济一体化”“大保税区”“深港经济区”“自由贸易区”“共同市

CHINA EASTERN
Ch:com
347

深圳机场（陈发清 陈戴维 摄）

一桥飞架三地，打开了粤港澳大湾区的发展空间（图片提供 深圳报业集团图片库）

场”“深港经济共同体”“深圳湾区”“双子城”“深港同城化”“一都两区”“一都两市”“深港创新圈”“深港都市圈”等表述，仅着眼于城市和区域之间的深港合作规划，“高度”显然不够。

香港智经研究中心也认为需要将“港深都会”提升为国家战略：一是向顶级世界都会区冲刺，使港深都会成为重要的、国内外企业运作的跨国经济空间；二是成为亚太区域经济的重要节点；三是承担提升国家经济质量的功能，成为全球资源调配、运营枢纽，以及亚太地区创新和服务的基地，并在国际产业分工链条中占据更高端位置。

在深港两地智库层面达成的一项普遍共识是，应从国家利益出发，在全球视野下谋划“香港+深圳”的未来。

“粤港澳大湾区”

湾区，从地理概念上看，是由一个海湾或相连的若干个海湾、港湾、邻近岛屿共同组成的区域。在全球化不断演进的当下，发展条件最好的、竞争力最强的城市群，都集中在沿海湾区。可以说，湾区已成为带动全球经济发展的重要增长极和引领技术变革的“领头羊”，由此衍生出的经济效应，正在重新塑造全球经济新格局。不少国家通过利用湾区的地理优势，实现了城市产业资源的聚集，打造了各具特色的“湾区经济”。

世界银行的统计显示，全球经济总量的60%来自港口海湾地带及相应的直接腹地。作为全球新兴的重要经济中心，湾区集中了一个地区，或者整个国家的重要资本。以2015年数据为例，纽约、东京和旧金山三大世界级湾区的GDP总量分别为1.4万亿、1.8万亿以及0.8万亿美元。

粤港澳大湾区指的是由广州、佛山、肇庆、深圳、东莞、惠州、珠海、中山、江门9市和香港、澳门两个特别行政区形成的城市群；其面积5.6万平方千米，人口6,000多万人，GDP总和近10万亿元，是继美国纽约湾区、美国旧金山湾区、日本东京湾区之后的世界第四大湾区；是国家建设世界级城市群和参与全球竞争的重要空间载体。

粤港澳合作不是新概念，大湾区城市群概念的提出，应该说是包括港澳在内的珠三角城市融合发展的升级版，从过去30多年前店后厂的经贸格局，升级成为先进制造业和现代服务业有机融合最重要的示范区；从区域经济合作，上升到全方位对外开放的国家战略；这为粤港澳城市群未来的发展带来了新机遇，也赋予了新使命。

首次明确指出要建设粤港澳大湾区是在2015年3月，由国家发改委、外交部、商务部联合发布的《推动共建丝绸之路经济带和21世纪海上丝绸之路的愿景与行动》中。该文件指出，充分发挥深圳前海、广州南沙、珠海横琴、福建平潭等开放合作区作用，深化与港澳台合作。

2016年12月，国家发改委印发的《加快城市群规划编制工作的通知》提出，2017年拟启动珠三角湾区等跨省域城市群规划编制。至此，粤港澳大湾区概念正式进入国家战略部署层面，继而成为两会热议的话题。全国人大代表、腾讯公司董事会主席兼首席执行官马化腾也在2017年全国人大会议上提交了题为《关于发挥协同创新优势 打造粤港澳世界级科技湾区》的提案。

粤港澳大桥（图片提供 深圳报业集团图片库）

2017年3月5日召开的十二届全国人大五次会议上，国务院总理李克强在政府工作报告中提出，要推动内地与港澳深化合作，研究制定粤港澳大湾区城市群发展规划，发挥港澳独特优势，提升在国家经济发展和对外开放中的地位与功能。

2017年3月6日，在十二届全国人大五次会议广东团全体会议上，全国人大代表、广东省发改委主任何宁卡发言时系统论述建设粤港澳大湾区。何宁卡提到，粤港澳大湾区是我国改革开放的前沿和经济增长的重要引擎，国家高度重视和支持粤港澳大湾区的发展。广东的广州、佛山、肇庆、深圳、东莞、惠州、珠海、中山、江门9市和香港、澳门两个特别行政区形成的粤港澳大湾区，具备建成国际一流湾区和世界级城市群的基础条件。

何宁卡援引数据指出，2015年，粤港澳大湾区经济规模为1.36万亿美元，港口集装箱年吞吐量超过6,500万标箱，机场旅客年吞吐量达1.75

亿人次；产业结构以先进制造业和现代服务业为主，港澳地区服务业增加值占GDP比重均在90%左右，内地9市制造业基础雄厚，已形成先进制造业和现代服务业双轮驱动的产业体系。粤港澳三地在经贸、技术、金融等方面开展深度合作交流，正进入全面、深层次合作阶段。

何宁卡建议，重点从6个方面谋划粤港澳大湾区的发展：一是加强基础设施互联互通，形成与区域经济社会发展相适应的基础设施体系，重点共建“一中心三网”，形成辐射国内外的综合交通体系；二是打造全球创新高地，合作打造全球科技创新平台，构建开放型创新体系，完善创新合作体制机制，建设粤港澳大湾区创新共同体，逐步发展成为全球重要科技产业创新中心；三是携手构建“一带一路”开放新格局，深化与沿线国家基础设施互联互通及经贸合作，深入推进粤港澳服务贸易自由化，打造CEPA升级版；四是培育利益共享的产业价值链，加快向全球价值链高端迈进，打造具有国际竞争力的现代产业先导区。加快推动制造业转型升级，重点培育发展新一代信息技术、生物技术、高端装备、新材料、节能环保、新能源汽车等战略新兴产业集群；五是共建金融核心圈，推动粤港澳金融竞合有序、协同发展，培育金融合作新平台，扩大内地与港澳金融市场要素双向开放与联通，打造引领泛珠、辐射东南亚、服务于“一带一路”的金融枢纽，形成以香港为龙头，以广州、深圳、澳门、珠海为依托，以南沙、前海和横琴为节点的大湾区金融核心圈；六是共建大湾区优质生活圈，以改善社会民生为重点，打造国际化教育高地，完善就业创业服务体系，促进文化繁荣发展，共建健康湾区，推进社会协同治理，把粤港澳大湾区建成绿色、宜居、宜业、宜游的世界级城市群。

在日本东京湾区、美国纽约湾区与旧金山湾区“世界三大湾区”三分格局的当前，年轻的中国粤港澳湾区建设将提速，在撑起国际湾区经

大湾区战略下的新型城镇研讨会举行（沈勇 摄）

济又一增长极之际，也体现了中国又一次以一体化的态势直接搅动全球经济格局。

对比国际三大湾区的发展，除了拥有宜居的自然环境、便捷的交通物流网络这两大湾区发展的必备条件外，要打造世界一流湾区，配套的金融服务、产业集群，以及相应行业人才的吸引，都必不可少。

在世界三大湾区出色的经济成绩单背后，是精准的产业集群定位。

美国纽约曼哈顿岛南部的华尔街不仅象征了美国的财富和经济实力，还见证了美国垄断资本的大本营、金融寡头的变迁。至今，美国最大的500家公司中，已有1/3以上把总部设在湾区中的曼哈顿岛。纽约湾区还集中了世界金融、证券、期货及保险等行业的精英。

与纽约湾区主打金融服务相比，东京湾区的优势在于庞大的产业集群。在东京湾区5亿吨吞吐量的带动下，日本政府通过产业引导，鼓励钢铁、石油化工、装备制造等产业择址湾区，使得湾区内的产业集中度较高。这里制造业企业数量和从业人数占日本全国的1/4。东京湾区也被称为“产业湾区”。

旧金山湾区主打硅谷为特色的高科技研发。谷歌、苹果、脸谱网等互联网巨头和企业的全球总部均择址旧金山湾区中的硅谷。以高技术从业人员的密度而论，硅谷居美国之首。再加上湾区内拥有多所科研实力雄厚的世界知名大学，产学研的无缝对接，进一步推动了湾区科技创新与研发的优势。难怪，旧金山湾区也有“科研湾区”的美誉。

全国人大财经委员会副主任委员辜胜阻认为，建设粤港澳大湾区不仅有利于港澳与内地更深层次融合，促进港澳长期繁荣稳定，确保“一国两制”基本国策，还可拓展与东南亚、南亚的经济合作，为“一带一路”建设和中国参与全球治理提供支撑。“最重要的是，粤港澳大湾区是中国创新驱动发展战略最好的载体。”

作为中国明确提出建设的第一个湾区，粤港澳大湾区从一开始就超越了地方层面，属于“国家级”。在开改革开放风气之先的南方推大湾区建设，对中国经济结构转型升级而言无疑是“加速器”。

辜胜阻认为，如果说纽约湾区定位于金融，旧金山湾区定位于科技，东京湾区定位于产业，粤港澳大湾区最大的竞争优势就在于创新。这里有深圳这一创新型城市，有3万多家高新技术企业，有华为、腾讯等世界级创新公司，应定位于打造具有全球影响力的创新发展高地。

辜胜阻表示，具有典型移民文化的深圳是创业创新最好的城市之一，也是创新型经济的主引擎。在这里，创业、创新与创投形成了“铁三角”，实现了技术创新和金融创新对经济发展的双轮驱动；大批人才集聚于此，形成了创业“新四军”。

1979年，香港招商局在深圳蛇口**开埠建港**，上承百年招商之统，下开一代**深商之先河**，堪称深商之肇始。

第七章

深商基因：深圳企业谱系

从“蛇口基因”到“深商基因”

2005年，深圳企业家王石和《中国企业家》杂志总编辑牛文文说起一个奇怪的现象：深圳的企业家和广东其他地方的企业很不一样；深圳企业当中，出身蛇口的和华侨城的又不一样。当时，平安、招行、中集、万科、华为这些深圳或蛇口企业，已经显现出超群的领袖气质，势贯下一个20年，代表了中国企业未来的方向。如果这些企业身上有共同的“神秘基因”，那么寻找出这种基因，就是一项令人兴奋、很有价值的工作了。

《中国企业家》杂志的“蛇口基因”专题，就是基于这样的冲动，开始了为期三年的采编。

采访很不容易。首先，这些企业大部分都非常低调，马明哲、任正非是有名的“不见记者”；其次，大家对是否存在“蛇口系”这样一个企业群体，认知并不一致，对“蛇口基因”内涵的理解也大不相同；最为关键的是，蛇口企业群物理上和精神上的“培养基”袁庚老人，已经年高失忆，尽管在王石的帮助下，采访组在2005年见到了他，老人也兴致勃勃地题写了“南国之星”“中国企业家”，但已无法进行真正的交谈和采访。

袁庚在蛇口演讲（资料图片）

2008年是改革开放30周年，《中国企业家》发表了对“蛇口基因”的认识：

一、“公企业”。中国大企业的主流形态，要么是国有企业，要么是民营企业，但这些蛇口企业是一种新品种，万科的郁亮说应该叫“公企业”。它们不接受没有大战略大愿景的国有股东，为此不惜换股东，但也决不搞MBO或老板个人控股，即便是私人企业华为，老板任正非据说也只有5％不到的股份。于是，它们就取得了一种在国家战略和企业（家）战略之间的平衡，既获得了巨大的发展空间，又保证了强烈的企业家精神——这正好是100年前招商局创始人们身上流淌过的血液！

二、大行业。平安（保险）、招行（银行）、中集（集装箱）、华为（通讯设备）、万科（房地产），这些企业的行业选择，具有极强

海上世界。作为城市综合体的核心，海上世界广场全面升级，由明华轮、中心广场和A、B、C区组成，现已全部开放（施平 摄）

的开创性和未来性，不要说在它们创业的那个年代，就是在今天也是非常具有扩张空间的“大行业”。而且，这些行业，很大程度是由他们开辟并定义的。为什么这群企业家能够不约而同地选择这样一些“大行业”？要知道，在30年历史中，充满各种可以赚快钱的行业和业务诱惑，但他们几乎一致地坚守了当初选择的主业——有远见不容易，能坚持更不容易。

三、不犯王法。低调是企业人的本分，即便是高调如王石，碰到诸如宏观调控、劳动合同法这样的高度敏感的事情，也一贯和政府保持一致。所以在30年一波接着一波的企业出事高潮中，在科龙、健力宝、粤海等事件频出的广东，这些蛇口企业都有惊无险地走过来了。在高速发展的转型经济体里做企业，这份清醒和自爱，格外难得。

《中国企业家》杂志关于“蛇口基因”的解读，可以说是见仁见智，首先，把“万科”和“华为”都纳入“蛇口系”，就有争议；但是，但凡深圳的企业、企业家，不或多或少受点“蛇口精神”影响的又有多少呢？王石在蛇口做过生意，任正非曾经栖身的南油集团靠近蛇口，说与蛇口沾亲带故，也不算太牵强。何况王石和郁亮显然对《中国企业家》关于“蛇口基因”的认知有所贡献，万科自身产业发展、政商关系处置以及万科后来关于国企股东的选择，更是印证了“公企业”“大行业”“不犯王法”乃是万科管理层安身立命的三大法条。

2012年底，王石应邀担任深商联合会理事会主席，他开始更加自觉地思考：深商是谁？深商从哪里来？深商到哪里去？

2014年，王石提议启动“深商口述史”系列采访，试图更加系统地发现并解码“深商基因”。

这是深商难能可贵的自觉。

洋务遗脉、深商肇始——招商系企业

1979年，香港招商局在深圳蛇口开埠建港，上承百年招商之传统，下开一代深商之先河，堪称深商之肇始。

招商系的企业始终延续着近代洋务运动的精神和血脉，代表着体制内精英主导的中国近现代商业力量。官办企业的所有弊端在招商系企业中都存在，但是在所有官办企业中，招商系企业是体制病最轻的，是最具有变革精神并且最懂得市场规律的。招商系企业的高赢利能力其实不是最重要的。拥有浓厚的官方背景，在政府特许的、甚少竞争的垄断领域，赚点钱，不是什么难事，难的是针对自身体制的除旧布新。

140多年来，招商局之所以引人入胜，在于她总能在时代需要变革

1984年1月26日，邓小平视察蛇口时下榻“明华轮”并为该轮题词——“海上世界”，具有深远而重大的意义。可以说，“海上世界”是蛇口也是深圳改革开放40年光辉历程的见证，亦是特区宝贵的历史财富（施平 摄）

的时候率先变革，这不是因为人们总将变革的希望寄予招商局，而是因为招商局系统总有亲商、敬商的体制内精英，不惜牺牲自己的体制内利益，前赴后继，烛照商业文明。

创立于1872年的招商局，是中国近代第一家民族工商企业，亦为中国目前历史最悠久的企业。招商局的历史，伴随着中国近现代化进程而展开。她创立于民族危难之际，承载着一代仁人志士“求富图强”的梦想，在古老的东方地平线上坚强地擎起希望的桅杆。她怀着“招天下商，通五洲航”的理想，以无远不屈的气概，将中国商轮的旗帜远挂西洋。她敢为天下先，筚路蓝缕，开创了中国近代经济史上诸多的第一，拉开了一个经济时代的大幕。她老而弥坚，时隔一个世纪后，再立一场波澜壮阔的经济改革大浪潮头。

招商局开创时，在资本筹集方面，率先采用了股份制形式，开创性

昔日蛇口（资料图片）

地向民间发行股票，使招商局成为近代中国第一家股份制企业。“设局招募商股”，这是“招商局”名字的由来，也是中国近代经济史上一次重大的制度创新。清政府为支持招商局的创立，曾借拨巨额官款，并折成官股，招商局因此具有浓厚的官方背景，并对其日后的管理体制产生了深远的影响。开局前，李鸿章就申明招商局为官督商办，开创后，招商局主要管理人员由政府委任，清政府通过对人事权的控制来控制招商局。招商局董事、近代思想家郑观应对招商局官督商办管理体制曾进行过猛烈抨击，并提出过许多革新主张。但是招商局的官商宿命并没有因此而改变。

1950年，招商局的大部分海外船队被合并到台湾“中国油轮公司”，另一部分船队则在香港升起了五星红旗，但是拒绝改并为中国人民轮船总公司，继续保留招商局轮船股份有限公司的原名。

香港招商局蛰伏港岛近30年，历经中国历史的沧桑巨变，保留并延续了近代中国的商业血脉。在香港现代商业机制与精神的化育之下，终

蛇口工业区制作的迎国庆彩车（图片提供 深圳报业集团图片库）

于在20世纪70年代末抓住中国改革开放的历史机遇，再度谱写中国商业文明的新篇章。

1979年，蛇口工业区破土动工，蛇口建港；1980年，香港明华船务公司成立；1982年，赤湾港建港；1986年，成立招商局集团，收购香港友联银行；1987年，成立招商银行，这是中华人民共和国第一家企业投资创办的股份制银行；1988年，成立平安保险公司，这是中华人民共和国第一家企业发起创办的股份制保险公司；1989年，与中远合建蛇口集装箱专用码头；12月28日，蛇口工业区安达运输股份公司“深安达”上市，这是深圳第四家、蛇口第一家公开发行股票的公司；1992年，海虹集团（招商局）在香港上市，开中资公司在港上市之先例；12月23日，上海招商局大厦奠基，这是浦东开发以来批租的第一块土地；2001年，增持国通证券股份，改名为招商证券，并与荷兰国际集团组建中国第一家合资基金管理公司——招商基金；2002年，招商银行在沪上市，筹资高达107亿元；2003年，与美国信诺合组招商信诺人寿保险公司；2004年，收购深圳南油76%的股权；2005年，旅游业务划拨给香港中旅；2012年招商局成立招商局资本，管理总资产近1,700亿元；招商局旗下还有招商基金、博时基金，基金管理总规模均超过1万亿元；截至2016年底，招商局集团总资产6.81万亿元，实现利润总额1,112亿元，在中央企业中排名第二。

1979年，招商局在蛇口码头工程建设中率先实行超产奖励制度，相关中央领导人专门批示表示支持；1980年，蛇口工业区中瑞机械工程公司在全国最早实行工程招标；1981年，蛇口工业区在北京等城市公开招聘业务干部，首开全国招聘用人先例，对干部制度大胆改革，由委任制改为聘任制，在劳动用工上推行劳动合同制。与此相适应，蛇口工业区对工资制度也进行改革，打破平均主义的“大锅饭”，实行“薪随岗定，岗动薪动”，并适当拉大工资分配差距。蛇口还率先改革住房分配制度，实行员工住宅商品化。邓小平认为蛇口工业区的建设速度快的原因是“给了他们一点权力”，500万美元以下的开支可以自己作主。1984年，蛇口人喊出的口号“时间就是金钱，效率就是生命”以彩车形式出现在国庆35周年庆典上。20世纪80年代，香港招商局开创的“蛇口模式”在计划体制的铁幕上撕开了一道裂口，为中国内地迎来了现代商业文明的第一缕曙光，中国对外开放的大门再度打开，并且将永远不可能再关上。

离市场最近的“官商”——国企在深圳

国有企业管理层的“官本位”，使中国企业出现种种怪事、荒唐事。“董事长不懂事”，经营者不懂经济。以深圳国企为例——尽管深圳国企拥有全国国企第一的经济效益高、管理层知识结构高的“双高”特征，深圳市前市长李子彬仍在一次公开讲话中道出深圳国企老总一串令人忧虑的数字：52%对主要经济指标只知大概或根本不清楚；85%不了解香港同行前10名主要经济指标变化；47%不知道反倾销和倾销基本定义；49%对国际互联网一无所知……面对“海外兵团”和“私营兵团”的平等竞争，国企经营者的年龄结构、知识结构不合理等弱点越发明显。

但是，改革开放以来，国有企业在中国社会资源市场化方面的功能性贡献依然不可磨灭，深圳早期的国有企业对于深圳民间商业力量的催生作用尤其不可或缺。这主要表现为：中国改革开放初期党和国家工作重心从政治转向经济，主要就是通过对国有企业、集体企业的重视来实现的，没有国有企业，企业的概念都无法生成，只有成立了国有企业，财政的钱才有可能成为企业的钱，现代企业制度才有起码的载体。在谁都不懂经济、谁都不懂市场、谁都不懂商业的年代，国有企业成为众多社会精英试水市场、习得商业经验的安全通道、社会平台。今天很多从体制内转型出来的商业精英都曾经是国有企业的经营骨干。

深圳特区成立之初，没有任何民间商业资本，港资、外资所有经济活动都必须依赖国有企业这样的经济主体。那个时候，政府办企业是社会转型必经之路。早期的深圳正是以市场模式吸引了来自全国的国有企业，才搅活了中国计划经济的一塘死水。以“三天一层楼”的深圳速度饮誉全国的深圳国贸大厦，打出“全世界创业者联合起来”广告语的深圳联合广场，就是中央各部、委、办、局，全国各省、市、区集资兴建的，也是这些国家机构驻深圳企业的总部基地。国有企业在深圳试水市场经济，是成就深圳经济奇迹的奥秘之一。

深圳的国有企业体系庞杂，大而化之，可以分为中央各部委驻深圳企业、内地各省市驻深圳企业、深圳本土国有企业。他们以各自的优势

上海宾馆已成为深圳地标之一（图片提供 深圳报业集团图片库）

呈现了深圳商业力量的精彩。

深圳中电投资股份有限公司前身是中国电子技术进出口公司深圳分部，成立于1980年4月26日，与深圳经济特区同年诞生。员工住在草棚里开始了艰苦的创业。他们于1983年建成的电子大厦，楼高20层，是深圳经济特区的第一座高楼，也是当时深圳的地标形象。围绕电子大厦，以及后来深圳中电的电子科技大厦、中电广场，逐渐兴起了华强北电子商圈，带动了深圳电子工商业的发展。有人这样形容："如果说华强北电子街是一条河，深圳中电就是这条河的源头；如果说华强北商圈是一个舞台，深圳中电就是这个舞台最早的导演；如果说深圳电子工商业是一棵枝繁叶茂的大树，深圳中电，就是看着这棵树长大的园丁。"

1981年1月7日，深圳市批准航空部在深南中路福田路口征购建设用地17万平方米，这就是后来的中航苑。在这片土地上成立的中国航空技术深圳公司，是中国航空技术进出口总公司的分支机构。它依托中国航空工业的雄厚技术实力和人才优势，以高科技工业制造为龙头，大力发展第三产业，积极开展资本运营，经过30多年的开拓创新和不懈努力，目前已发展成为集高科技工业制造、地产物业酒店、进出口贸易、百货零售和金融证券为一体的综合性企业集团——深圳中航集团。集团拥有中航国际控股、深天马、飞亚达、中航地产、深南电路、天虹股份等多家境内外上市公司；拥有深南电路、江南信托、江南证券、中航地产、天虹商场、中航商贸、中航物业、格兰云天、上海宾馆等一批在行业和地方具有影响力的骨干企业。

如果人们对深圳中航集团印象还比较模糊的话，那么提起中航旗下的上海宾馆，则几乎所有的深圳人都觉得很亲切。上海宾馆位于深南中路，始建于1983年，于1985年正式开业，素有深圳城市“坐标”之称。在深圳经济特区发展初期，其以东为市区，以西为郊区，见证了深圳城市发展进程。人们对她的评价是：“很多年了，一座一座的高楼，在她身边崛起，一条一条的大路，从她身边延伸。她曾是20年前深圳的地标，那时她站在市区与郊区之间，为出门的人指明城市的方向，为回家的人照亮手中的车票。如今城市早不是那么小的城市了，她，欣然地站在那里，默诵着地图，翻检着历史，守望着回忆。”

今天，电子大厦、上海宾馆所在的深圳华强北已经从昔日的工业园区蜕变成了一个超级商业圈。IT通讯、电子电器、钟表、服装百货、珠宝首饰……其中任意一种商品在深圳华强北几乎是不可能找不到的，它已经成为深圳的一张“名片”，而为华强北、华侨城这样的深圳商业奇迹奠定深厚基础的正是像中电、中航、中旅这样的“央企”和“内联”企业。

中兴通讯的手机展示厅内，各类手机产品展示（陈姝 摄）

深圳本土国有企业如特发集团、深圳贸易进出口集团、深圳友谊集团、深圳免税公司、深圳物资总公司等，对于深圳经济的早期发展，都功不可没。深圳国有企业，因为离市场最近，市场化程度也最高，对现代企业制度的尝试也最早。

1985年，深圳率先取消大部分专业主管局；1993年，深圳率先取消企业的行政级别；1994年，深圳率先取消企业行政主管部门，“法人之间，人人平等”；深圳还率先建立资产经营公司，专司国有资产管理；率先进行股份制改造，探索企业产权的多元化之路；率先培育企业经理人市场，依靠中介组织激活国有企业。今天，只要在充分竞争的领域，深圳的国有企业要么凤凰涅槃、鲤鱼跳龙门，成为真正有竞争力的现代

万科企业公馆。前海蛇口自贸新城建设稳步推进（何龙　摄）

企业，要么江河日下、大浪淘沙，渐渐被驱逐出经济舞台，只有极少数垄断行业的垄断企业，在行政权力的卵翼下苟且偷生。

“深圳最好的国企”——中兴通讯——原来是1985年军工企业陕西691厂借助深圳经济特区开放和地缘优势“外引内联”，与长城工业深圳分公司（后并入深圳广宇工业公司）和香港一家电子贸易公司合资创立的“深圳市中兴半导体有限公司”，当时算是开启了国有企业“投资主体多元化”之门。1993年3月，国有企业691厂和深圳广宇工业公司与“中兴维先”实施了第一次产权重组，共同投资组建“混合所有制”的“深圳市中兴新通讯设备有限公司”，两家国有企业控股51%，民营企业“中兴维先”占股份49%，由“中兴维先”承担经营责任，首创了“国有控股，授权（民营）经营”的模式。1997年10月，上市后的中兴通讯国有股仍处于相对控股地位。

这就是名动一时的“中兴模式”。

曾为深圳师，或将被超越——深圳港资企业

深圳的经济是如何起步的？中央在深圳建特区，但是不给钱，没有钱，要深圳人自己“杀出一条血路”！可以说四个特区起点是一样的，厦门的起点比深圳更高，但是，最后最成功的是深圳，深圳之所以成功是叨了港人的福!

当时，特区政府建房子、办工厂，一无资金、二无厂房、三无设备技术、四无商品市场、五无管理经验……真正是“三无”“五无”特区，一穷二白，有关负责人抓头挠耳，莫知计将安出。

这时香港商人提醒深圳市领导：香港地价是深圳的十几倍、几十倍、上百倍，香港缺的就是深圳的土地，深圳人为什么要抱着金碗讨饭吃？一语点化深圳人，率先在全国有偿出租土地，出租费用一路上扬，出租土地所得成为深圳市政府丰盈的财源，也使深圳原住居民成为“一夜暴富的土地主”。

香港多年生聚积累的财富像水银泻地一样流入内地的时候，内地人拿什么来接纳、来交换呢？历经20年工商改造、10年政治运动，折腾得腰带都没有裤子可系的主人们除了土地就是廉价的劳动。应该说港资企业中的劳务工在用强化劳动换回远比内地国有企业工人更多的回报之余，还有幸获得了接触现代工商业的机会，而本来在工农严格分离的、等级森严的国家里，他们是注定与“工人”无缘的。

聪明的内地人、深圳人在财富从香港经济高地向内地经济低洼流动的大潮中，抓住机会做贸易、做服务，从贩卖给女人用的三骨袜、四骨袜、内衣胸罩到推销男人的打火机、刮胡刀、香烟手表录音机，再到自己开公司、办工厂，先富起来再说，买靓衫、住洋房、开私家车，财富的增值是港人的资金与经验外溢的结果。

但是来自香港财富外溢对深圳经济的推动已经放缓了，深港经济差距的日渐缩小减弱了长期以来深圳经济强劲增长的澎湃动力。香港经济自身处于痛苦的转型期，香港财富的持续外溢受到香港社会经济转型受害者的质疑与抵制。

香港经济转向资讯业和服务业，但是深圳的资讯与服务市场对香港的开放度很低，就像当年有人痛骂深圳人把土地出租给香港人办工厂是“卖国贼”一样，现在也有人死守着内地资讯产业这块阵地不容有失的观念，这就人为影响了香港经济转型，从而也人为地放慢了深圳经济增长的步伐。

香港人的高端服务业无法进入内地，腹地狭窄，成长空间有限；香港的制造业转移到内地以后，利润丰富，所以被迫转型、升级的压力就小了，结果，香港人没能像台湾人那样，甚至没能像深圳人这样抓住高新技术产业的机会。从这个意义上说，假如香港与内地进一步的开放问题不解决，深圳超越香港，还真不是没可能。

倒是许多在深圳发展的港商，持续分享了深圳经济增长的红利。譬如马介璋，就是投资深圳最早、最好的港商代表之一。在香港做牛仔裤起家以后，马介璋大部分投资集中在深圳，从潮州菜馆，到佳宁娜广场，再到华南工业原料城，带领企业成功转型的轨迹，可谓一步一层天，他说，“深圳是我投资内地的大本营”。如果把顺丰的王卫、大疆的汪滔也视为在深圳的港商，那么，深商，何尝不是港商的延续？

新兴制造业的领军者——深圳台资企业

20世纪80年代以“亚洲四小龙”身份崛起的台湾，比其他地区更早地触摸到世界经济的脉搏。当人们还在大肆讨论台湾新竹模仿美国硅谷，是否会成为画虎不成反类犬的国际笑话时，众多台湾企业早已进驻其间，开始了初始并不清晰的全球化产业整合之旅，直到进入新世纪前后，众多台湾代工企业的崛起，才让人们看清了台湾的定位。

在1997年之前，中国吸引外资的最闪亮的主角是香港资本，改革开放的十几年时间，香港将其几乎所有的制造业都搬到了内地，其中广东占了六成以上。在1992年小平南方谈话发表之后，台湾资本开始渗入祖国大陆，2000年之后的两三年里，台湾资本成为中国吸引外资的明星。

与20世纪80年代的港商大量投资于电子、钟表、印刷、服装、鞋帽、皮具、玩具、黄金珠宝、工艺礼品等传统制造业不同，90年代开始，台商在祖国大陆的投资逐渐集中在附加值较高的新兴制造业，尤其是其最有竞争力的IT产业。

从20世纪90年代中期开始，台商进行了一连串全球化行动，基本都以失败收场，却在祖国大陆取得空前的成功。作为台湾最成功的全球化企业——鸿海精密，其发祥地就是深圳。2001年，美国摩托罗拉还是中国内地创汇最高的三资企业，但是2002年就被一家来自深圳的富士康所取代，富士康的母公司，正是台湾最大的民营制造公司——鸿海精密。

根据当时中国商业部的报告，富士康是一年生产全球十分之一桌上电脑、三分之一PC零组件的科技公司，掌握了全球PC的命脉。IBM副总裁就曾经留下一句名言："深圳到香港的公路如果塞车，全球PC就会缺货。"郭台铭自己也常向朋友自豪地介绍："鸿海工厂就像是连接广州和深圳的广深高速公路，生产线种类既广，技术又深，速度又快。"这时的鸿海精密已经是华人制造业最大规模的全球化企业了。

"要做就做世界级"，凭着先进的设备与技术，鸿海的合作方都是世界一流企业，苹果（Apple）、康柏（Compaq）、戴尔（Dell）、IBM等计算机大厂；思科（Cisco）、诺基亚（Nokia）等通讯大厂，以及消费电子大厂索尼等，都是鸿海重要的战略客户。深圳制造业的全球视野和精进意识，与富士康的示范效应密不可分。

深商的国际血统——世界500强企业与深圳

早在1981年，百事公司就与中国政府签约在深圳兴建百事可乐装瓶厂，为中国的首批美国商业合作伙伴之一。次年，中国历史上第一罐百事可乐在深圳诞生。以此为开端，著名跨国公司鱼贯而入深圳。

20世纪八九十年代，跨国公司面临的主要问题是如何进入中国，何时进入，以什么方式进入。进入21世纪以来，跨国公司在华面临的挑战是如何在中国站稳脚，如何加强在中国的竞争优势。

跨国公司通常是设立一个中国总部，由中国总部统一管理或协调在华各个企业或经营机构，各个企业和经营机构与中国总部整合为一个整体——企业集团。

沃尔玛抢滩龙岗中心城，建设路店亮相龙岗（毕国学 摄）

投资深圳的世界500强企业在深圳设立总部的不多，深圳主要是世界500强的制造基地、采购中心和服务中心。

2005年全球生产台式电脑1.87亿台，而富士康在深圳龙华的工厂就生产了4,000万台，占了1/5以上。其中惠普、戴尔等电脑的主要品牌产品就出自富士康。诺基亚、摩托罗拉、三星、飞利浦每年都各有上千万台手机在深圳制造。

传真机、打印机、复印机、数码相机等办公自动化产品是日本企业一统天下，这些日本产品的60%以上都在深圳制造。理光、东芝、富士施乐、奥林巴斯、爱普生、佳能等产品的主要工厂都在深圳。因此，深圳成为全球最大办公自动化产品基地，产量占全球的一半以上。

2001年12月，中国加入WTO的同时，沃尔玛在深圳建立全球采购中心，每年采购金额150亿美元，深圳和中国内地价廉物美的商品源源不断送上沃尔玛在全球的货架。沃尔玛得以大幅降低成本，使其供应链在世界范围内得到极大优化，屹立全球五百强榜首。与沃尔玛同时，麦当劳、欧姆龙、松下、三洋、家乐福、飞利浦等在深圳都设立了全球采购中心。

深圳发达的制造业引来全球的现代服务业，为制造业服务的金融产业紧随而至。跨国金融巨头在这里投资兴办金融分支机构、保险公司和办事处。深圳还成为沃尔玛、麦当劳、肯德基等零售公司在全球开店最多最密集的城市之一。位于华强北的中电大厦，是诺基亚、摩托罗拉、三星、爱立信、西门子等国际手机巨头研发基地的聚集处，有十几家手机产业上下游国际大公司在这里办公。深圳制造业的国际化，也推动了以港口为主的现代物流的飞速发展，不但吸引了香港李嘉诚财团在深圳投资港口建设，而且马士基等世界主要港运船代公司纷纷在深圳设立办事机构，业务遍及世界各地。

深圳是中国的一个人才高地。从劳动力成本来讲，深圳比国内很多地方要高许多，并不是最具优势的，但深圳的人才素质无疑是国内最高的，这是世界500强企业最看重的。500强企业的人才主要来自两个方面，一是每年到国内高校招聘，能够招收到那些学习成绩不错又富于创新精神的大学生。二是深圳当地广阔的人才市场为企业提供了人才来源。特别是这里的人才环境好，在深圳人才的使用和竞争公平，重能力重业绩，不讲关系和出身。深圳人的闯劲、拼劲和创新精神，全世界少有。

政府办事效率高。富士施乐董事长稻垣先生说，深圳的投资环境好，不但城市环境优美，基础设施配套齐全，而且政府廉洁，办事效率高。在深圳很少有人给企业找麻烦，500强企业都能享受“绿色通道”服务，遇到困难，找政府很快就能办好。

物流快捷、成本低。深圳港口每天通往世界主要地区的集装箱船有好几班次，货一到港就能装船运走，不但提高了物流效率，而且缩短了在港口堆放的时间，也减少了成本。加上深圳物流货运丰富，配货及时、充分，产业集中度高，再加上现代化的管理，使得港口运输成本比国际港口降低了30%左右。

产业配套齐全。富士康高管何友成说，电子信息产业、办公自动化产业集中度高，产业配套齐全，是相关产业的世界500强企业扎堆深圳的重要动力。富士康也就是凭着深圳这种极强的产业配套能力，涉足电脑、手机、家电、电子娱乐、汽车电子等各大领域，不但打造了完整的产业链，而且降低了成本，提升制造和物流速度，从而形成强大的全球竞争力，在深圳成长为一家世界500强企业，成为全球最大的代工巨头。打印机、复印机、传真机、照相机是非常精密的光机电一体化产品，大大小小的上千个零配件，90%能在深圳实现1小时运输配套。在世界任何一个其他地方，都没有这么强大的配套能力。

值得注意的是，近年来众多跨国公司不仅进行了深刻的战略和管理结构的调整，而且把强化公司责任的潮流延伸到中国。跨国公司在中国推进公司责任的最主要途径是管理好在华投资的企业。跨国公司在中国不仅力图经营成功，而且按照母公司在公司责任方面的承诺，致力于社会责任和环境责任。跨国公司在中国推进公司责任的第二个途径是管理好自己的供应商。过去人们关注的是供应商的产品质量、成本以及交货期。现在，跨国公司把公司责任延伸到供应商，强化供应商及其采购产品制造者的社会责任和环境责任。

跨国公司不仅强化在华自身企业和供应商的公司责任，而且通过公司责任报告的方式把强化公司责任的实践公之于众，通过组织或参与各

2016年6月30日，万科企业股份有限公司2016年度股东大会在深圳大梅沙万科总部举行，股东投票表决通过万科董事会换届方案，王石不再担任万科董事，郁亮等11位候选董事当选（陈文 摄）

项活动推进公司责任，从而影响更多的中国内地企业。

“赌盘”上的公众企业——深圳上市公司

1983年7月，宝安县联合投资公司公开招股，发行股票筹集1,300万，该股票也因此被称之为“改革开放第一股”。11年后，也就是1994年，股票发行和交易实行无纸化，纸质股票才完成历史使命，退出证券市场。

在深圳证券交易所成立前，深圳有5只股票在深圳特区证券公司挂牌交易，它们是：深发展、深万科、深金田、深安达、深原野。人们习惯地称之为深圳“老五股”。深圳“老五股”的纸质股票如今已经被收藏者当作珍品。

国企上市的盛宴反映了中国股市是为国企融资的本质，还不是真正的资本市场。中国上市公司根本问题就是“企业家缺位”，经营者仍然由行政指派，股份制的意义难以体现。

万科是中国最早的上市公司之一。1988年，万科成功地进行了股份改造，这次改制无疑是万科发展历程中若干重大关键性决策中的第一个。万科的此次股份改造，意在追求公司的透明度和有效的治理结构。在当时政策环境还不规范的情况下，万科在企业经营的最深层次——价值观和人性层面上下了一个理想主义的赌注，即把企业的前途押在中国社会的变化必将进入正轨这一点上，当今天中国社会走向成熟，万科因先行一步脱颖而出。

万科不仅较早地进行了股份改造及上市，而且在上市之初，就把后来一直还困扰中国股市的“一股独大”的问题解决了。1991年万科上市，在资本市场公开筹集资金，通过定向增发、配股、发行可转债的方法，从资本市场筹集资金41.30亿元，分散了企业的股权，改善了公司的资本结构，从而达到了稀释大股东股权及减轻其对企业控制力度的目的，彻底地使企业的所有权和经营权分离，为万科建立现代企业制度从而高速发展奠定了基础。

分散化股权促成了所有权与经营权真正意义上的分离：当管理层与第一大股东意见不合时，第一大股东仍旧受到其他股东的制约。股东、董事会、管理层的职责和权利界定得比较清楚，职业经理层避免了只看单一大股东脸色行事而处于进退维谷的局面，有利于公司职业经理层的稳定和公司的持续发展。同时，因为面临更多的监督和压力，职业经理层也更须真正做到对股东负责。职业经理人制度化，以及由传统的大小

第二届中国深商大会（图片提供 深商联合会）

股东博弈后管理层执行转变为三者博弈的品形架构，使万科的公司治理透明、规范。深圳“经理人文化”取代“老板文化”成为商界时尚，正是从万科开始的。

20世纪90年代中期开始，知识经济的兴起使大量新生高新技术企业成长起来；美国纳斯达克市场迅速发展，在加剧竞争的同时，为各国股市的发展指出了一个方向；风险资本产业迅速发展，迫切需要针对新兴企业的股票市场。在此背景下，各国政府重视高新技术产业的发展，纷纷设立二板市场。

1999年8月，《中共中央、国务院关于加强技术创新，发展高科技，实现产业化的决定》指出，要培育有利于高新技术产业发展的资本市场，适当时候在现有的上海、深圳证券交易所专门设立高新技术企业

深圳大族激光公司拥有知识产权的自主创新激光设备产品引起观众的兴趣（王小可 摄）

板块。

2000年10月，深市停发新股，筹建创业板。

2004年5月，证监会同意深交所设中小板，作为创业板的过渡。

2009年10月23日，中国创业板举行开板启动仪式。数据显示，首批上市的28家创业板公司，平均市盈率为56.7倍，而市盈率最高的宝德股份达到81.67倍，远高于全部A股市盈率以及中小板的市盈率。

创业板更接近真正的资本市场。自此，许多传奇式的个人创业故事、个人或团队创新精神，这些活生生的财富故事，通过媒体的放大效应激发了整个社会的创新激情和创业文化。这些私人起家的企业，不只是一些成功的非人格化的公司法人，而且是代表中国未来的真实个人。他们不仅年轻，而且就像我们中间的任何普通人一样，不一定有特殊的家庭背景，他们的成功也不一定靠特殊关系。看到他们的故事，我们每个年轻人甚至年长者都可以有一种"我也可以像他那样创业"的反应，创业文化和创新精神就是这样来的。

截至2016年，据哈尔滨工业大学（深圳）经管学院教授、深圳原副市长唐杰研究，深圳有逾350家上市公司，其中约220家是在上海和深圳上市，还有约130家在包括香港、美国等地上市。唐杰表示，没查到过世界上任何一个城市像深圳一样拥有350家上市公司。

深圳的底气、深商的精锐——深圳的私人创业

改革开放以来，深圳所取得的最辉煌的成就之一，莫过于在充分利用外资和不断提高国有经济竞争力的同时，民营经济和民营企业迅速崛起，形成了一大批本土民营企业群体。这些企业从一开始就在市场化和公平竞争的环境中拼杀，具有极强的原始创新冲动和生存竞争能力，他们所构建的雁形企业梯队和良好的企业生态，形成了深圳自主创新的不竭源泉和经济社会持续发展的原动力，构成了深圳独特的、难以复制的宝贵财富。

20世纪80年代，百万民工如潮水般涌入深圳，上演现代版《出埃及记》，本来毫无商业经验、与现代工商业几乎注定无缘的农村剩余劳动力在深圳找到了自己的商业“圣地”。他们胼手胝足，筚路蓝缕，在流水线上，在写字楼里，在建筑工地，在临街商铺……接受现代商业文明的洗礼。随后，文人经商，官员“下海”，科技人员怀揣一纸研究成果，前来深圳淘金、创业。直到今天，深圳已经成为中国创业欲望最强、商业气氛最浓的现代商业都市。

截至2015年年底，深圳工商登记注册的民营企业108.3万家，占企业总数的96％；上缴税收3,008亿元，约占全市企业上缴税收的45%；深圳平均每千人拥有商事主体199户，创业密度居全国大中城市首位；国家高新技术企业5,524家，其中80%以上是民营企业；创新型中小微企业培育梯队增至1,620家；深圳中小板和创业板上市企业128家，连续9年位居全国大中城市首位；拥有3万多家创新型企业，国内细分龙头企业20多个；

大疆无人机进行试飞演示（王雨渤 摄）

华润万家大厦效果图（图片提供 深圳报业集团图片库）

深圳民营企业诞生了5个世界500强、20多个中国500强，主营收入超百亿企业60余家。

“骨子里生长创新血液”的深圳民营企业，特别是民营高科技企业，视研发为生命。深圳强劲的研发动能90%来自企业，特别是民营企业。2016年，深圳市专利申请总量超14.5万件，同比增长37.7%；其中，国内发明专利申请量达5.6万件，同比增长40.7%，居全国副省级城市第一。专利授权总量超7.5万件；其中，国内发明专利授权量达1.7万件，居全国副省级城市的第一。有效发明专利达超9.5万件，每万人发明专利拥有量达80.1件，是全国平均水平的10倍，高居全国各大中城市的第一。PCT国际专利申请超1.9万件，同比大幅增长 47.6%，占全省申请总量的83.3%，占全国申请总量的46.6%，连续13年居全国各大中城市的第一。在第十八届专利奖评审中，深圳市获4项专利金奖，其中两项发明专利金奖，两项外观设计金奖，获奖数量居全国副省级城市的第一。华为、腾讯、中兴、比亚迪、万科等大咖，以及柔宇、大疆、研祥、大族激光等111家民营领军骨干企业在数量、规模、质量等方面在全国都处于领先地位，并且已经进入一个相对平稳、成熟的良性发展时期，成为深圳经济发展的生力军。

可以毫不夸张地说，在这么多年的风雨历程中，深圳能够成功破解一个又一个难题，坦然面对一个又一个挑战，始终保持快速健康发展的良好态势，正是因为深圳拥有这么一大批生机勃勃、市场竞争能力强的民营企业，这是深圳的“底气”所在。

优秀企业家总是流向最适合创新地方。**企业家精神**对一个社会来是非常**稀缺宝贵**的资源。一个社要想不断地进步、持续地发展，必须要给那些少数的**富有创新精**的企业家提供自下而上的最合适条件和最小的代价。

第八章

深商风云人物

著名企业家是企业形象和企业品牌的最佳代言人，著名企业家还是外部资源的集聚者，著名企业家也是国家城市经济振兴的推动者。作为企业的“首领”，企业家的综合素质、个人魅力和社会知名度，是企业竞争力的关键因素。

在2001年举行的“增强上海城市综合竞争力”论坛上，一些经济学家和研究人员提出过一个问题：“上海企业拥有众多优秀的‘白领’，为何唯独缺少叱咤市场风云的著名企业家？”用上海市体制改革研究所研究员郑韶的话来说：上海企业为什么“多出白领，难出首领”？

社会学思想大师丹尼尔·贝尔的关门弟子丁学良在谈到“中国为什么出不了大企业家”时认为：MBA教不出企业家，企业家的精神、素质和才能往往是不可以传承的。

一个国家或社会要想产生大企业家必须要有这样一个经济架构，即在这样的经济架构之下，个人的创新精神能够为当地主流文化所悦纳、在法律的层面上得到最大的保护。

宽容是企业家的摇篮。如果一个社会对合法致富的人不宽容，那么这些人一定会想办法来回避风险：一种办法是，当他的钱赚到一定的时候，他就不干了。因为如果他再干下去的话太招惹风险。所谓“人怕出名猪怕壮”就是这种恐惧心理的写照。一个社会里的企业家如果有相当一部分持这样的心态，就不能指望这个社会出大的企业家。

优秀企业家总是流向最适合创新的地方。企业家精神对一个社会来讲是非常稀缺宝贵的资源。一个社会要想不断地进步、持续地发展，就必须要给那些少数的富有创新精神的企业家提供自下而上的最合适的条件和最小的代价。随着全球经济一体化进程的加速和信息传播速度的加快，一个地方的创新性机制出来以后，会很快传到其他的地方。这时，如果一个国家不能提供一个非常公平的竞争机会，那么很多企业无形中就会流失到最适合创新的国家去，美国的硅谷就集中了不止一个国家的企业家。

在西方社会，企业家的才能已经被广泛地应用到社会的各个领域中，也就是说，企业家不仅仅在经济领域发挥作用，而且在教育、艺术甚至政府领域都在发挥作用。很多西方国家在进行政府改革的时候，会请一些非常有经验的企业家们出点子，让他们按照企业精神来改造政府服务。这时企业家的精神就变成一种很广义的东西。

袁庚："深商教父"

我们很难把袁庚写到位。

大抵心仪袁公者大多只是初知史实，而知史实者往往不能见精神，见精神者未必有文采。既知史实、又见精神、更有文采者，几稀。

袁庚生于深圳大鹏，父辈即有闯海经历。自己早年就读广雅，欧风美雨浸润多年。岭南之地的开明风气，温润敦实的学习教养，使得袁庚注定不同于普通的工农干部。战火纷飞的岁月中，袁庚却能欣赏和敬佩邹韬奋的智者风范，这岂是普通的一介武夫所能理解的。谍战中的磨砺和功勋，外交中的识见与视野，实在是袁庚后来卓越事业的深厚积淀。身陷囹圄的五年半，铁窗下数蚂蚁的日子，是人生大彻大悟的机缘。就像大病中捡回一命的人，对于生命的意义往往有更深切的领悟；大难不死的人，对于自己过往的执着也常常会有焕然一新的体认。邓小平在江西农场的田埂上来回踱步时琢磨了一些什么？袁庚在秦城监狱用王光美留下的头发刷面盆的时候又思想了些什么？具体细节也许永远无可考证了，但是经过这种炼狱般的思想挣扎，像邓小平、袁庚这样的智慧之士，是足可以对近现代中国社会有一番从头到脚、从里到外的重新审视的。

袁庚出狱平反后在交通部外事局任职，随交通部部长走访世界各地，对港口城市、海洋工商文明的认识是当时其他一般同僚所望尘莫及的。唯其如此，袁庚才有可能在对香港招商局作一番短期调查后拿出令人耳目一新的调查报告，进而入主招商局，成为有百年历史的招商局的第29代掌门。此时的袁庚已经年逾花甲，是设想颐养天年的退休生活的时候了，仕途进退，功名利禄，早就是过眼云烟。这个年龄阶段还有能力做事的人，要么不做事，要么就不会为了短期政绩去做事。袁庚在蛇口的鸿鹄之志哪里是那些蝇营狗苟的人们所能理解和知晓的呢？

从创建蛇口工业区的第一天起，袁庚就将其当成了社会改革的试验场。蛇口无比大胆地进行了干部体制、民主选举、舆论监督等方面的制度变革，蛇口之被人热切关注在很大程度上因此而来。1980年3月28日，蛇口在中国第一个正式实行了干部、职员公开自由招聘制，率先打破了新中国31年的干部调配制。1983年2月9日，蛇口开始试行群众直接选举干部、考评干部。1983年4月24日，蛇口第一届管委会15名干部，经民意推选产生候选人，再经2,000多人直接选举产生。从此，调入蛇口的各级干部，其原职务级别只记入档案，在蛇口实际工作待遇上一律无效，能当什么，拿多少工资，全靠民意选举。1986年，蛇口实行民主选举，有15%的人对袁庚投不信任票，有5名董事当场落选。蛇口实行干部一年一聘，每年民意考评不过半数者即要下岗，干部终身制、任命制在蛇口被彻底废除。袁庚将蛇口搞成了当时中国最醒目的试验场，他把自己的政治生命悉数压上，了无退却之意。有文献记录，当时的广东省委书记任仲夷曾几次动员袁庚担任深圳市市长，均被他坚决回绝。早已过了60岁退休年龄的袁庚显然想在蛇口完成他所有的人生理想。

在蛇口，袁庚并不忌讳人家叫他“老板”（Boss），财经作家吴晓波说，这种对资本家的称谓用在他的身上似乎蛮恰当的。在前后15年时间里，他像老板一样地掌控着蛇口的一切，他一手缔造了它，他像父亲一样地塑造它身上的每一个器官，从规章制度到种在坡上的树，他一心想让自己的这个儿子与众不同、前程远大。在某一时刻，他好像还真的成功了。尽管在离开的时候，他没有带走任何东西，但是在灵魂上，他始终是蛇口的主人。

尽管袁庚时常把自己称为“商人”，但是袁庚确乎不是一个纯粹的商人。人们有时很难分清楚，他是一个官员还是一个企业家，他的官衔是蛇口开发区管委会书记，是这个地区的最高行政长官，拥有着公共资源的支配权和政策的制定及执行权，特别是在蛇口这样的“试验区”，他几乎向中央讨到了可以下放的所有权柄。而同时，他又是一家国有控股公司的董事长，招商局在1979年只有不到1亿元的资产，而到他离开时已经是一家资产总值超过200亿元的超级公司。这一部分的资产增值，一方面可以被看成是改革和发展的结果，而在另一方面也无疑是垄断前提下的制度性产物——招商局拥有蛇口开发区的土地开发权。你很难用公平或不公平、合理或不合理来解读它，在某种意义上，它俨然就是历史本身。文化学者余英时在《戊戌政变今读》中说：“80年代出现了两股改革力量：一股是执行改革开放政策的党政干部，他们的处境和思路，很像清末自强派，是所谓‘体制内’的改革者；另一股则来自知识分子，特别是青年学生。”袁庚是前一类人的代表。炮兵团长出身的袁庚决非不懂政治的“一介武夫”，他应该是20世纪80年代初期党内制度变革派的标志人物。

尽管袁庚不是一个纯粹的商人，但是深商乃至当代中国商人的商业精神的源头却是从袁庚开始的。老一辈的经济学家官乡曾经说：“袁庚之所以搞出个蛇口，就是因为他对中国的计划经济一窍不通、一无所知。”此言被传媒和袁庚本人一再引用，颇有“炫耀”之意，但是，在史家看来却未必是事实。蛇口的试验，决非“无知者无畏”式的变革。完整的概述应该是袁庚不懂计划经济，所以更容易接受市场经济。

《袁庚传》作者涂俏这样讲述“时间就是金钱”这句口号“出笼”的经过：袁庚经历丰富，对于国内外的各项情况都比较了解。他就知道，当时在香港请一个菲佣，每月要付3,750港元，比请内地工人要贵，但效率高。而在“文革”后，内地的人们对时间没有概念，对比内地和香港，袁庚感受很深。袁庚上任后的第一笔生意，是为招商局买一幢位于香港中环的24层大楼，楼价6,180万港币，定金2,000万。买卖双方约定星期五下午2时交付支票。招商局的人原先以为总要一起吃顿饭吧，建议把时间推后一些，以便接近吃饭时间。但对方坚持要在下午2时之前。双方见面、交钱、签字后，对方3名随员拿着支票匆匆下楼，他们连汽车都没熄火，直奔银行。因为第二天是周六，银行关门，周日也关门，如果不能在星期五下午3点之前把支票交到银行，就要损失2,000万元的3天的利息。当时的利息是14厘，3天就是上万元。而在招商局，支票总是锁在保险柜里，觉得这样保险，根本不把利息当回事。反差何其强烈！正是根据这样的生活经验和商业经验，袁庚提出了"时间就是金钱，效率就是生命"的口号，在谈钱色变、谈利色变、谈富色变的年代，把"金钱、效率"这样的商业理念传遍神州。当大书"时间就是金钱，效率就是生命"的彩车驶过天安门广场的时候，中国真正迎来了自己的商业时代。

凭着商业直觉，袁庚在蛇口进行了一系列商业创新。奖金制度、承包经营、开创新型金融机构和社会保障机构、倡导人格独立、人身自由、批评自由……这已经不是简单的商业技术创新，而是复杂的商业社会变革。但是，袁庚不是神仙，他无法超越自己所处的时代，他也有局限。在20世纪80年代初期，最具改革精神的中国官员坚信，只要充分放权和锐意改革，自己是完全有能力搞好国有企业和振兴一方经济的。而到90年代末期，人们才清醒地意识到，这种体制内的突围已经遭遇"极限"，或许唯有借助更为强大和自由的外来资本的"混血"，才可能构成进一步的推动。而在1981年，以香港首富李嘉诚、巨贾霍英东为首的13位香港企业家来蛇口参观，他们提出能否入股共同开发这块土地的时候，袁庚不假思索地一拱手说："谢谢诸公，我投放资金下去，还担心收不回来。不敢连累各位。"就这样"耍滑头"地婉拒了。晚年袁庚的遗憾似乎是，如果当初允许李、霍的入股，蛇口将被彻底地资本化，或许会获得更大的经济活力。“如果把整个蛇口都如此放出体制外，今日蛇口又将如何？”这是晚年袁庚常常与人聊起的话题。

美国律法大师罗尔斯曾经说，建立在个人开明基础上的威权体制，如同“沙上之高楼”，一旦那个威权人物退位或影响力消退，它所具备的进步性便自然而然地消失了。袁庚和他的蛇口，正应验了这一论断。1992年，已经75岁高龄的袁庚交出了他管理了15年的蛇口，此后，蛇口迅速地褪去了它的先锋颜色，仅仅三五年后，便变得“无声无息”。进入2000年之后，蛇口已全然沦为一般性的开发区。2004年6月，蛇口开发区被广东省政府正式下文撤销，袁庚苦心设计的所有制度一夜之间灰飞烟灭。

马志民：中国主题公园的拓荒牛

享有“中国主题公园之父”尊誉的马志民，“不仅是一位专家、一位学者，更是一位实践家”。

与袁庚相似的是马志民，他也出身岭南，也是从“干部”转型为企业家的。马志民籍贯广东台山，父亲早年留学日本，为暨南大学、中山大学教授，马的开阔视野、美学修养与家庭教育背景不无关系。

1959年，马志民担任深圳水库工程指挥部第一副总指挥，深圳水库的亭台楼阁和深圳市人民公园，就是马志民主持兴建的。深圳市的和平路与建设路，也是马志民命名的。

1985年秋，国务院批准由香港中旅集团投资开发占地5平方千米的深圳华侨城。马志民以香港中旅集团常务副董事长兼总经理的身份出任华侨城建设指挥部主任，多年的雄心壮志和苦苦探索，才终于有了用武之地。

在深圳湾畔的荒芜海滩上建设怎样的华侨城？

1985年，马志民到欧洲考察，在荷兰玛林洛丹看到“小人国”，大受启发——如果能让中华五千年文明和其丰富的旅游资源浓缩一园，让中外游客在短时间内领略中华民族的博大精深，定然会有很大的吸引力。

说干就干。1987年动工的锦绣中华两年完工，开业后轰动海内外，1个亿的投资当年就全部收回。以其收入滚动开发的民俗村于1991年10月开业，再掀热潮，1年半后又收回了11亿元的投资。接着以58亿元兴建世界之窗，1994年6月开业，又创辉煌，投资在3年内全部收回。华侨城的四大景区全部成功，每年接待的游客人数和旅游收入占深圳市旅游业的60%以上，居全国第一。

马志民主持华侨城开发，最了不起的是两条，其一，他坚持旅游为主的方针；其二，他坚持规划先行的原则。这两点正是后来人对马志民最敬服的，也奠定了今日华侨城的基本格局。今天看起来再稀松平常不过的事，在将近30年前却近乎另类。那时候，旅游被看成是一种奢侈的生活方式，政府对公民旅游实行“不鼓励，不提倡”的政策，当时华侨城的定位就是工业为主，连“旅游”两个字都不敢响亮地提出来。但是马志民咬定旅游不放松。

先磨刀再砍柴，坚持规划先行，宁肯放慢前期节奏，也不匆匆开工建设，是马志民的又一个过人之处。在创造“深圳速度”的地方，百米高楼数月内即拔地而起。可是华侨城获准开发之后，却半年不见动静，这在建设比速度抢时间的氛围里，显得那么不合时宜。于是有领导批评说华侨城的建设太慢了，也有人说风凉话：“华侨城建了半年，只种了几根草”，甚至有人提出易帅之动议。但马志民不为所动，为了不造成永久的遗憾，宁可在规划上花时间，顶住压力，不追求表面上的轰轰烈烈，不追求热火朝天的场面和高楼林立的景象。

马志民“规划就是财富”的理念，在其重金延聘孟大强一事上表现得最为突出。华侨城开发之初，马志民就以年薪11万美元，请来新加坡著名华人建筑师孟大强先生，担任常年规划顾问，主持制定侨城的总体规划。11万美元，以20世纪80年代中期中国人的收入水平，这无疑是令人咋舌的高薪。而这11万美元的代价，只是孟先生每月来深圳两天。如今，即使当初对此事颇有微辞的人，也认为马志民礼聘孟大强是物有所值。

在大规划确定之后，马志民特别强调对自然生态的尊重和景区文化内涵的注入。华侨城成立的第一个公司，竟然是绿化园林公司。在景区建设中，锦绣中华原来的海上小岛，专门开会论证是否保留，一部分人的意见是要把千手观音建到小岛上去，但为了它本身的形态和岛上的红树，硬是把它留了下来。华侨城中学的选址处有一块天然成就的大石头，为了保留它，一定要设计单位更改设计。民俗村的锦绣阁，为了一棵天生的大榕树改变设计。荔枝园住宅区，为了保留一棵荔枝树改变设计。杜鹃山公园，保留原来天成的山体，原来的冲沟建成湖泊。

马志民强调，建筑设计服从环境设计的同时，一定要始终坚持景区建设的高品质、高品位。原建筑用什么材料，他们就用什么材料。原用汉白玉，他们就用汉白玉，原用真金箔，他们就用真金箔。建“长城”时，他们摒弃了用水泥做干墙面勾缝的简易做法，而是烧了650万块小砖将其建成，达到惟妙惟肖的效果。这就保证了每座景区的总体品质。

马志民自己说：“我搞了深圳的锦绣中华以后，现在主题公园遍地开花，总体上看，败多成少。我总结锦绣中华、中国民俗文化村和世界之窗的成功经验，无非是6个字：创意、个性、品质。”华侨城工程集中体现了马志民作为企业家的魄力、学者的严谨、美学家的修养。马志民以“不要国家拿钱，自筹资金组织力量”的魄力，整合了当时最雄厚的资源，继“锦绣中华”微缩景区后，“中华民俗文化村”和“世界之窗”相继建成开放，这三大主题公园开阔了中国人的视野，开辟了中国主题公园的先河，并成为迄今为止无人能够超越的里程碑。

马福元："中国电子第一街"的缔造者

"中国电子第一街"的繁华与一位老人的努力是分不开的。他就是赛格集团创始人、原董事长，深圳电子工业和"华强北电子一条街"的主要奠基人——马福元。

马福元和深圳的渊源，要追溯到20世纪80年代初，当时特区要发展什么样的产业，深圳的主政者们还没有清晰的认识。

1980年，马福元所在的电子工业部，由副部长刘寅亲自带队南下，与深圳市委主要领导梁湘、周鼎等人交换意见，商讨深圳的定位问题，最终提出深圳应当将"电子信息产业"作为工业的主导产业来发展。

深圳面积小、资源少、工业基础薄弱，发展重工业肯定是不现实的；再看轻工业，当时的香港、台湾地区发展势头都太猛，深圳几乎没有什么机会，只好选择将电子产业作为发展重点。

但是电子产业作为高科技产业，人才是成败的关键，而深圳当时并不具备这个条件。于是五十出头的"年轻干部"马福元便作为领军人物被时任电子工业部部长江泽民点将派到深圳。

这个在"文革"期间蹲过监狱、工作之后历经生死的东北汉子，天生就不怕失败。他衔命而来是要把许许多多小而分散的企业整合起来，抱团出海。由马福元担任董事长兼总经理的深圳电子集团承担了这项工作。然而整合工作并不那么简单，也有企业担心这是"大鱼吃小鱼"。为此，马福元对参加集团的上百家公司采取了自愿加入、自由退出的方式，这才打消了大家的顾虑。1986年，100余家企业整合后更名为赛格集团，聚合效应很快显现。比起单个小企业，整合后的公司更有条件开展外引内联。各企业也从集团得到很多优质服务，包括资金筹借、办证、培训人才等等，因此大家的积极性越来越高。到1987年，赛格集团的工业总产值已达到20亿元人民币，销售收入达到15亿元人民币，外销收入达到1.5亿美元，分别比1985年增长了105%、106%和292%。赛格已经成了深圳乃至全国的“明星企业”。

马福元希望用赛格这样一个“支点”，撬起中国电子信息产业的“地球”。而当时，无论是中央还是地方，对赛格的扶持都很有限，尤其是财力方面。因此，马福元只能借助一股更原始、更有效的力量推动赛格往前走，那就是紧跟市场。

据回忆，当时的深圳电子产业在马福元带领下，虽已逐渐走上正轨，但制约企业发展的短板也很突出，其中一个问题是：电子元器件不能配套，所属的电子企业很难在深圳采购到，这对于生产型企业来说是个致命伤。

凭借此前在日本秋叶原电子市场考察的经验，马福元敏锐地捕捉到电子元器件市场的先机。他希望为这里的一些没有元器件配额采购指标的中小企业，提供一个交易市场，并通过市场经济手段，带动产业勃兴。

马福元的想法得到了深圳市的大力支持。电子配套市场的组建，由于对原有计划经济体制的突破，外界也有争议，但深圳却一路放行。1988年3月28日，赛格电子市场正式开业，由来自全国的170多家厂商（包括10多家港商），以自营自销、联营代销的方式经营。“配套市场里设有各类展销摊位，国内外客商可以在这里买进，也可以将自己的产品拿到这里来展销。”很快配套市场越办越红火，各地企业都来深圳拿货，这远远超出了马福元的设想。

业内人士说，假如没有当年的配套市场，可能就不会有今天的电子一条街。但“他主掌赛格的那几年，并不只是鲜花和赞美声，他的很多超前想法，当时也有很多人不理解，没能得到很好的执行。”早在20

世纪80年代初，他就提出要仿效西方现代企业制度，建立董事会领导下的总经理负责制。为了调动员工积极性，当年马福元甚至提出要搞“员工持股”计划。另外，当时赛格的经营状况也并非没有问题。当时的国企几乎都靠负债经营，赛格集团羽翼渐丰之后，就开始兴办大型骨干企业，马福元选择项目并不是以赚钱不赚钱为标准，而是以国家电子工业发展的战略目标为依据，因此他先后将集团最多数量的资金，用在四个基础性项目上。“这些项目都是短贷长投，成效十分缓慢。”但是马福元反对企业短视行为，主张把国家的产业发展、技术发展放在第一位。而这些改革创新，虽然让他备受瞩目，但也有很多人不理解。

“马总的很多项目最终没能长久，但却奠定了深圳电子工业的基础。”一名业内人士这样评价，以四大项目中的彩管玻壳项目为例，赛格通过与韩国三星建立合资公司，使得部分产品远销美、韩等地，成为国内同行业中率先将玻壳产品打入国际市场、产品出口量最大、出口创汇最多的玻壳厂家。另一个项目深爱半导体公司，目前仍是深圳“先进技术企业”和国家级“高新技术企业”。这家公司的诞生，奠定了深圳在专业半导体功率器件芯片以及相关产品领域的基础性地位。

晚年马福元的遗憾莫过于，当年他主导建设的“超大规模集成电路”最终流产。简单地说，这个项目就是由企业自主研发芯片制造最先进的技术。赛格当时已在香港拿到土地，准备组建合资公司。他认为，如果这个项目实现，赛格就能够掌握电子行业的最尖端科技，从而打破欧美对我国的技术封锁，将中国的追赶过程缩短8到10年。“如果项目成功了，华强北的芯片走私问题，可能也不会像后来那么猖獗。”

王石：令人尊敬的“职业经理人”

一个根本与财富榜无缘的人拥有了最多最安全的“财产”；一个与真正意义上的老板相去甚远的国企经理成了一个时代的商业楷模。

王石的故事从他的“行贿记”开始。

1983年，王石从广州来到深圳下海，做饲料生意，经常自己亲自上阵扛饲料袋。

后来贸易生意做大了，经常需要火车皮来运输货物。那时火车皮很紧俏，为了搞到计划外车皮，某日，王石让一个伙计拿了两条555香烟给火车站的货运主任送去。不多时，伙计无功而返。王石急了，自己亲自踩了自行车送上门去。货运主任笑眯眯地问：“是不是要车皮啊？”据说那时王石还比较纯洁，或者说比较嫩，扭扭捏捏不好意思说明来意。

货运主任就说：“烟，你拿回去，小伙计都说了，不就想要个车皮嘛？车皮明天来办！”王石一听，以为嫌礼物太少，毕竟两条555那时不过才值20元，于是想赖着不走。

货运主任哈哈笑了：“我早就注意你了，一直想帮你呢。”原来王石亲自领着一班劳务工扛饲料包时，货运主任就觉得这个小伙子很特别，是个肯吃苦、想干事的人，印象很好。现在小伙子找上门来，就有意帮他。结果，第二天，王石果然拿到了别人送礼都未必搞得到的车皮手续。

这个事情据说对王石影响很大，他由此悟出一个道理：在商业社会里，金钱不是万能的，金钱是买不来尊重和荣誉的。“而货运主任对我所诉求的正是后者。货运主任的精神需求很简单：欣赏这位城市年轻人的做事态度和吃苦精神，愿意无偿伸出援助之手，从支持行为中获得精神的满足感。既然是在做令人敬佩的事业，为什么还要通过物质的诉求，直白地讲，用行贿手法来获取计划外车皮呢？”于是他带领的万科地产公司坚决“走正道”，坚决不用灰色方法获取土地，只努力获取阳光下的利润。

迄今为止，王石是中国唯一一个敢于公开承认也被最大多数公众认可从未行贿的大地产公司老总。这种公开承认之所以不被看作是作秀，一是无事实反证，二是王石把个人品格和个人信念上升到公司的制度层面。

1988年3月1日，深圳市政府发出红头文件：赛格集团、城建开发集团、物资总公司、石化总公司等6家大型国有企业实行股份化。

王石领导的企业也全力以赴进行股份化筹备的推进。在对招股通函上公司要遵循“规范、透明、守法”的条款，管理层进行了激烈的争论。遵守还是不遵守？多数认为：在不规范市场的现实下，大多数企业不规范，我们规范无疑束缚自己的手脚，死路一条，所以，不能一味书呆子气地对规范化动真格；作为少数派，王石坚持：同过去决裂，走规范化的道路，可能有走不通的风险，但将来市场规范了，我们不仅能继续生存下去，还会处在一个制高点，走在前头成为标兵榜样。

“我们最初靠贸易起家，在开放之初的深圳，搞贸易往往需要搞关系、倒批文，钻政策和法律的空子。公司要发展，成就一番事业，就不能再走老路，从现在开始就要规范。中国要进入市场经济，规范是必不可少的前提。我们力图按照国际上通行的惯例来做。从谋求股份制改造开始，我们就需要把规范化放在核心的地位。要做中国最规范的企业。”不仅做最规范的企业，而且还只赚取合理、规范的、理性的利润。

1992年尾，深圳国土局主办了一次房地产沙龙。作为万科代表，王石在发言时明确告诉与会者："万科超过25%的利润不做。"会场哗然。王石解释说："现在只要手中有一块地，半年还没开发，地价就涨了一倍。低于40%的利润不做的说法由此而来。但这正常吗？万科做贸易出身，20世纪80年代做录像机，也做过200%—300%的利润生意。因为是超额利润，许多公司都进口录像机，供过于求，录像机降价，销售的边际利润就开始下降，甚至利润变成负数。今年，我让财务将万科1984年到1992年的贸易记录整理了一遍，赚钱用黑字表示，赔钱用红字表示，结果红字多于黑字。这说明这么多年贸易的结果是赔钱超过赚钱；这也说明市场很公平，先前你怎么暴利赚的钱，之后你都得吐出来，而且还要多吐。现在的房地产火爆同80年代的贸易何其相似。如果任由下去，一旦市场逆转，利润空间变窄，你怎么办呢？" 哪有不愿多赚钱的发展商？与会的国土局官员、开发商、新闻记者不明白王石在说什么。有的与会者嘀咕："唱高调也不是这样的唱法呀。" 还有的更直接："你赚不到25%说明你没本事。" 而王石不追求暴利正是为了专心一意培植企业的赚钱本事——核心竞争力！暴利当前，不需要什么本事，傻子也会赚钱；但是暴利注定不会持续久远，当利润率大幅下降以后，拿什么来进行残酷的市场竞争呢？王石把平均利润环境下企业竞争力的培养作为万科的战略选择。注意力不放在钱上，而是放在赚钱的方法和能力上，王石带领万科做"减法"，卖掉了非常赚钱的万佳百货等非主营业务，一心一意把房地产业做精、做专、做透，做成中国最赚钱行业的No.1。万科赚到了更多的钱，而曾经比万科更有钱的公司早已消失无踪。

中国的市场大潮要吞噬更多的弄潮儿！这都是转型经济惹的祸。计划公有制下的资源，宣布属于全体人民公有，其实靠一整套行政条条框框管束。法治下的市场体制呢？以清楚界定的产权为本，不能容许财产方面的巧取豪夺。惟有从计划体制向市场体制转轨的转型经济，原来的行政管束动摇了，新的产权和法治又尚未建立，在亦此亦彼、非此非彼之间，机会巨大，诱惑更巨大。好比一个大果园，老笆篱已经破败，新界限尚未划定，人们是下手抢摘现成果子，还是甘愿投入汗水和辛劳，另辟生产性门径？王石走的是后一条路。很难的，因为在相当长的时间内，“非生产性寻租活动”的回报高得惊人！更难的，是商场如战场，竞争对手靠权力租金为本，你没有，这个仗怎么打？说来这一点恰恰是引起北京大学教授周其仁关注王石的地方。2000年，周其仁到上海看一位住在虹桥机场附近万科楼盘里的朋友。周问，飞机起落很吵吧？朋友说吵，但是搬来住的都不走，因为万科楼盘的质量好，尤其是物业服务好。周其仁立刻意识到这是另外一个层面的岔路：批到好地块赛的是“搞定”权力部门和人物的“本事”；在不好的地块上盖出优质楼宇，赛的是发现市场、创意、执行和管理的本事。都是竞争行为，都要劳动筋骨和费尽心机，也服从“用进废退”的演化准则，但是选走上三路还是下三路，只有加入了时间变量，才看得到结果完全不同。

单纯以钱财标准衡量，比王石“成功”的企业家多了去了。其中的幸运者，也许早就金盆洗手，可以远在温哥华或旧金山的豪宅颐养天年，终身不忧财富，并福及子孙。“倒霉”的呢？身败名裂的有之，锒铛入狱的有之，人头落地的也有之。但是，若要论在中国市场上成就了一番事业，给消费者、投资者、员工和整个社会带来了长远的价值，王石选的“走正道”才是必经之路。

经济学家张五常说，王石比他伟大。王石在很长一段时间里是万科企业股份有限公司的主事人。万科是今天国内最大的房地产发展机构，1983年由王石创办，是国营，1988年上市。王石占有的股份只是万分之一点六九，薪酬起初微不足道。两年前他的年薪是人民币80万，也微不足道，今天年薪仅200万左右。王石住自己购买的房子，请张五常吃晚饭不用公司钱，用自己的，吃剩的他要打包带回家。“不要忘记，他是世界上人口最多、经济发展最快的国家中，最大的行业——房地产的最成功机构的最高总裁。他有5个世界之最，皆珠峰层面，但两年前王石的薪酬远不及一个香港高级公务员。”除了傻里傻气的创作可以给予作者很大的满足感——张五常称之为珠峰哲理——经济学无从解释王石这种人的行为。私有产权对经济发展重要，因为界定了资产或物品的权利，容许市场以价格为竞争的准则，减低租值消散。但金钱财富之外，每个人多多少少都是个创作者，创作的本身是回报，而创作是不限于艺术或科学的。生意、政绩、管理，都有金钱不可以量度的成就满足感。要鼓励这些非金钱的成就。所以张五常建议：“给王石一个诺贝尔奖吧！”

事实上，该奖励的不会止于王石一个。就像近代欧洲地理大发现时代冒险家层出不穷一样，中国也正在进入一个冒险和创作的时代。这个时代，物质财富大量涌现，精神财富也在大量涌现。王石是第一批引起我们惊叹的冒险家、创作家，但他绝对不是唯一的一个，也绝对不是最后一个。奔腾不息的商业力量、商业精神将会把更多卓越的冒险家、创作者推上历史舞台。

任正非：IT巨擘 深商教头

据说，任正非是因为女儿的一句话才南下深圳的。他要给儿子和女儿选择一个不“荒凉”的家，但是深圳却给新来乍到的任正非好一顿“杀威棒”。刚来深圳时，任正非曾在深圳国有企业南油集团打工，他像在军队给上级首长写请战书一样给南油老总写“军令状”，要求将其旗下的一个公司交给自己打理，结果当然是石沉大海。后来，任正非做电子产品生意时被人骗了100万，商业经验之不足，由此可见一斑。事实上，任正非确实不是一个“好”的打工仔，也确实不是一个一般意义上的精明生意人。任正非自己也承认，他是因为在深圳无处就业才不得不创办华为公司的。

一旦做了老板，任正非的品质与个性就开始产生魅力。任正非曾经花2年时间将被骗的100万追回来，这一件小事就注定：他这一生要么玉石俱焚，要么卓越绝伦。他要么是最优秀、最成功的商人，要么连一个平庸的商人也做不成。任正非这代人，历经政治运动的反复洗劫，要么永失自由意志，要么始终拥有一颗高贵的心。任正非属于后者。在一个一切都被强制剥夺的年代，你要生存，办法只有两个：要么跪下来，俯伏着身躯，心甘情愿被折服，在群体意志中随波逐流，苟且偷生；要么，把内心深处的欲求紧紧地包裹起来，不让任何人知道，驯服的外表下掩藏的是一颗永不安分、永不屈服的心。

兄弟姐妹多，家庭负担重，父亲出身又不好，青少年时代的任正非是在贫困与饥饿中度过的，他高中三年的愿望是能吃上一个白面馒头。考上大学后，他按照父亲的嘱咐，啃书本，钻技术，并且凭着过硬的本领获全军技术成果一等奖，参加1978年的全国科学大会，并在1982年被选举为第十二届全国人民代表大会代表。艰苦的生活环境、崎岖的心路历程成就了任正非别样的性格和人格。他注定不会是一个“一般”的人，他不会容忍自己的人生履历中竟然会有被骗100万的污点，他也不会容忍自己创办的企业最终只是一个庸庸碌碌的小公司。不流俗，不平庸，做一流企业，这种内心的呐喊始终在左右着任正非的决策。从活下去、与狮子角逐，到做中国最好的企业、做世界第一流的企业，任正非被一场又一场要么全输、要么全赢的豪赌所诱惑，深陷其中，不能自拔。对手越强，他的“赌”兴越大，华为越壮大，任正非的“赌本”越多，他下的“赌注”也就一次比一次更大。敢“赌”，善“赌”，正是自古以来商业冒险家们的共同品性。幸运的是，所有的“赌博”几乎都以任正非的大获全胜收局。华为的今天，就是任正非一次又一次力排众议、惊心动魄地豪“赌”回来的。

白手起家的中国民间企业面临的环境之险恶，非外人所能理解，没有一点蛮劲、狠劲、野性、狼性，不可能在缺资金、缺技术、缺人才、缺市场准入资格的艰难困苦之中杀出一条血路。而中国民间企业要循常规参加与国有企业和跨国企业的商业竞争更是不可思议的，只有不循常规，不按牌理出牌，才能搅乱牌局，才有可能重新确立新的游戏规则，让本来没有资格参与游戏的后来者有问鼎冠军的机会。然而，令其他民营企业家们艳羡不已的是任正非的雄才大略和他那匪夷所思的运气，这种才略和运气使得任正非每“赌”辄赢、连“赌”连赢。

首先，任正非“赌”对了行业。1987年10月，在深圳湾畔一处杂草丛生、两间只能被称为“简易房”的地方，已经43岁的任正非和其他5个人一起用24,000元钱创办了一间小小的公司，这就是华为，注册为集体企业，实则为私人或合伙企业。企业经营范围不过是小型程控交换机、火灾警报器、气浮仪开发生产及有关的工程承包咨询。起初两年时间，公司主要是代销香港的一种HAX交换机，靠价格差获利。

公司刚有些积蓄，任正非就决定将全部资金倾囊投入数字交换机的自行研究开发上，至1992年研制出第一台小交换机，1995年研制出第一台程控交换机。还在华为诞生不久，任正非就提出“做一个世界级的、领先的电信设备提供商”，并且逢人就传播这个狂想。这个被政经评论员秦朔认为是中国知识企业的发展史上最宝贵的梦想当时看来是如此不可思议，以至他被人称为“任疯子”。正是这个“疯子的梦想”，引领华为技术有限公司在移动通信（含3G）、数据通信、光网络、固定通信、业务与软件、终端等诸多领域取得辉煌成就。其中，3G：跻身全球第一阵营，WCDMA在荷兰、阿联酋、日本、西班牙、葡萄牙、马来西亚等31个国家和地区获得商用；NGN：全球软交换出货量排名第一；智能网：用户数全球第一；光网络：光网络产品全球市场排名第二；长途波分全球市场排名第一；宽带产品：IP DSLAM全球市场排名第一；MSAN出货量全球排名第一；数据通信：路由器运营商市场全球排名第三。今天的华为，已经不是在世界通信设备列强盘踞的中国四处觅食的土狼，而是频频出击海外、令国际IT大鳄方寸大乱的雄狮。

任正非曾经自我解嘲说，他和华为是因无知才跌进了通信设备这个天然的全球最激烈的角力场，竞争对手是拥有数百亿美元资产的世界著名公司。事实是，即使任正非选择擦皮鞋，他的皮鞋也会擦得与众不同。不过，任正非真要选择了擦鞋，无论他的皮鞋擦得多么好，擦得多么赚钱，擦出多么大的一系列连锁店，也绝不会擦出像华为今天这样的影响力。正因为任正非及其华为进入的恰好是现代信息业的基础产业，而信息产业又恰好赶上蓬勃发展的狂飙时期，一场威武雄壮、波澜壮阔的商业巨剧才会由任正非及其华为来担任主角。CIBC世界市场分析师史蒂夫说，华为公司对网络市场的影响，正如丰田和本田两家公司对汽车市场的影响。而我们这个时代大片的主题已经不是石油、不是汽车，而是信息革命和网络技术。任正非及其华为正好赶上第一、第二次工业革命后的第三次浪潮，并演活了这部大片的中国主角，才成为万众瞩目的耀眼巨星。近代工业革命成就了汽车、石油等工业公司，现代信息产业革命成就的正是微软、IBM、英特尔、华为和中兴这样的知识企业。所以，不理解信息通信产业的狂飙突起，就不会真正理解任正非大“赌”大赢的大背景。

其次，任正非押对了知本。任正非有一段著名的话：“资源是会枯竭的，唯有文化才会生生不息。一切产品都是人类智慧创造的，华为没有可以依存的自然资源，唯有在人的头脑中挖掘出大油田、大森林、大煤矿。”如果说，在粗加工业，中国企业的成本优势在于廉价劳工，那么在高新技术产业，中国知识员工的待遇较之国外同行则存在着更大的落差。在论资排辈、行政本位的计划经济体系中，知识分子是臭老九，是被教育、被排斥、被讥笑和被愚弄的一群，他们的脑力劳动甚至还不如劳务工的肩挑手提有价值。这个巨大的成本落差被本身就是技术型知识分子的任正非瞅准了，他要在脑海中开发金矿，他在商海中发现了“人黄金”。华为从成立之日起，看重的就是知识，而不是资本。在华为人看来，机会、人才、技术和产品是公司成长的主要牵动力。在这四种牵引力中，人才所掌握的知识处于最核心的地位，而资本则被搁置在牵引力之外。这是一种与传统资本理论完全相反的知本理念。

民营企业家任正非与国有企业、外资企业争夺人才的“撒手锏”就是高薪。在华为，只要是本科毕业，年薪起点就在10万元，这是招应届大学生的标准（从社会上特招过来的更高），至于工作一两年后达到20万元以上是很轻松的事。在华为做了四年人力资源工作的汤圣平说：“今天的社会，太多的有钱企业，太多的有钱企业家，在中国财富百强的企业名单前十位企业中，有的连员工社会保险的钱都不肯交。任正非在华为股份不到5%，他愿意将财富分配给员工。”中国著名高校计算机专业的毕业生就这样成建制地被吸引来了华为，为任正非“效命”。

曾是军人的任正非像戚继光训练“戚家军”一样训练着他的“华为军团”。“戚家军”主要以农民和渔民为主，朴素、体质好，没有“兵油子”习气；“华为军团”都是些刚从学校出来的毕业生，素质好、可塑性强，没有“商油子”的种种恶习。华为给了这些没有经验的大学生学习的机会。经过华为的历练，这些“学生军”变成了既懂业务又懂管理、既懂固定又懂移动、既做过研发又做过市场、既做过国内又做过国际、既骁勇善战又有极高忠诚度的“商业雄师”。任正非就是这支军队的最高统帅、总教头、精神领袖，他指挥着这支军队攻城略地，所向披靡。

马明哲：平安的掌舵人

马明哲籍贯吉林，早先在广东省湛江市八甲水电厂做工人，后来在当时的广东湛江地委工交政治部担任通讯员。马明哲命运的转机，发生在1983年他的一次平常的工作调动中。

1983年夏，马明哲被调动到深圳市蛇口工业区工作，就职于劳动人事处。因为精明能干，他被安排到蛇口工业区社会保险公司工作。那个时候，公司总共也就三五个人，主要负责工业区员工的一些福利性劳保事务，规模很小。

1987年9月，时任蛇口社会保险公司副经理的马明哲授命全面负责筹备平安保险公司，那时他的经验也仅限于在蛇口工业区社会保险公司工作过几年。1988年3月，由中国工商银行和深圳蛇口工业区招商局分别出资51%和49%的平安保险在深圳正式成立。当年的马明哲年仅32岁，风华正茂，作为招商局的股东代表出任平安保险董事总经理，后被任命为副董事长。

1989年，平安以成立员工风险基金为名让员工持有部分股权，与企业“一荣俱荣，一损俱损”。由于国家政策变化的缘故，1992年再以该基金注册职工合股基金公司。顺理成章，马明哲在董事会中的身份有了更合适的名分。他开始作为职工合股基金派出的董事担任平安董事长，从此摆脱了招商局对他本人的人事任免上的控制。

2003年，平安成功实施了准管理层收购（MBO），令资产规模1,800亿的平安脱胎换骨，由原来的国有企业逐渐蜕变为股权分散、治理结构良好的公众公司。平安的管理层虽然在理论上并没有占绝对控股地位，但管理层在公司内部对员工拥有很大的管理权与威信，在员工持股计划内部拥有很大的发言权。

从1988年到2004年，经过 16年的磨砺，马明哲终于真正握住了平安“掌门人”的权柄。

1993年，国务院颁布了《关于金融体制改革的决定》，明确对银行业、证券业、信托业和保险业实行“分业经营、分业管理”的原则，以挽救1992年下半年开始出现的金融秩序混乱、金融市场失控的局面。但是马明哲看到国际金融业的流行趋势是由昔日的分业走向混业，各国的金融保险业都在降低成本、提高效率和提高国际竞争力的压力下，纷纷通过集团控股的组织模式实行分业经营和专业化管理。

在“分业经营管理”的监管主调下，当时平安不敢直接将“综合金融服务集团”的设想摆上台面，于是平安向监管部门报出的方案是集团控股模式，即由一个集团公司（或控股公司）全资拥有（或控股）产、寿子公司和投资子公司，由集团控股公司对业务、财务、投资、人事、计划和风险内控等重大决策进行统一管理的分业模式。

即使在金融整顿风声最紧的时候，马明哲仍旧非常坚决，除了产险、寿险两项主营，想要的金融牌照也决不撒手：经过两年的前期工作，平安1996年完成对工行珠江三角洲金融信托的收购并更名为平安信托；平安从1991年8月以证券业务部名义开始经营证券，1996年在信托公司名下正式成立平安证券。

马明哲以“一意孤行”的韧性，倔强地驾驶着他“中国平安保险”这艘事业旗舰，在中国保险业这片激流险滩十几年的迎风驶进中，一步步壮大。平安保险公司在产权结构、业务延展、市场操作、集团架构各方面都不断挑战政策底线、打破业界旧规，并成为当时中国仅有的一家由企业创始人明确而强烈的战略意图推动而逐渐成形的金融控股集团公司。仅此两点，平安已可被记入中国金融企业进化史册并独立成章，其创始人马明哲的思想及操作当有被详细记录的价值。

平安做大的秘诀之一，就是学习模仿世界同行的经验。平安是中国第一家聘请国际会计师、第一家聘请麦肯锡进行管理咨询、第一家聘请国际精算师的保险企业。马明哲把平安保险的奋斗目标，定位在达到“国际一流的综合金融服务集团”的水准上。他们曾经豪言，要把平安建成和美国花旗集团一样的、中国一流的多元化金融服务集团。

邓小平曾说：我们在建立市场经济的过程中要非常小心地摸着石头过河。马明哲却说：“为什么我要像一位盲人一样冒着被冲走的危险过河？如果我可以多付一点钱，比如通行费，为什么不走河上的桥呢？”1993年，马明哲访问台湾得知国际通行的经验是：寿险的蛋糕要远比产险大很多。马明哲对此深有同感，于是对西方管理技术很感兴趣，也很有信心。1995年平安就开始着手与国际接轨的工作，并找到了这个高度专业化行业迅速提升自己的诀窍——请“外脑”，也有人称之为“强势接轨”。

1996年12月，从以张子欣为代表的麦肯锡成员走进平安起，到1997年，平安从国际知名保险公司引进了30多名培训讲师。总精算师斯蒂芬·迈尔曾经是美国林肯金融集团的高级副总裁，原来的首席财务官和总经理汤美娟则是来自安达信最年轻的高级合伙人……前后共有50多位外籍专业人才进入平安的管理层，这个数量占国内整个保险业外籍专家的90%。总部的财务、精算、IT、培训、投资、营销等主要业务门市部的一把手都由外籍专家担任，而其中有很多曾经仅是平安的高级顾问，现在却全职为平安工作，并享受国际薪酬标准，这对于一家中国内地公司来说，非同寻常。

马明哲为此也付出了昂贵学费。汤美娟在平安任职期间的收入是年薪900万港币加期权股票，甚至高于美国财富500强企业的顶级管理人员的薪酬。但马明哲认为这些付出是值得的，“他们为平安带来的收益足够平安为他们发500年工资”。

马明哲说：“我是平安的一名推销员，我向国家和政府推销平安的商业运作机制；向世界推销中国的民族保险业；向股东推销平安的管理运作和人才资本；还向每一位平安同仁推销平安远景和平安价值观；向社会推销平安的品牌和文化；向客户推销平安的诚信和保障。”马明哲驾驭平安的诀窍是：一、自己死死地盯牢方向；二、其他问题不惜花钱向国际顶尖顾问请教。

《2017年BrandZ最具价值全球品牌100强》公布，中国平安排名第61位；《财富》中国500强排行榜发布，中国平安保险（集团）股份有限公司排名第5。

王世桢：“幸好中国还有招商银行！”

早期的蛇口工业区已有十几家企业，每个企业在银行都有账户，而工业区总会计师也开有户头。细心的财务人员敏感地发现了一个问题：在同一家银行里，同是工业区辖属的企业，有的在向里存钱，有的则正寻求贷款，如此一进一出，工业区便自觉自愿地损失了一部分利率差。众所周知，存款的利率明显低于贷款的利息。

于是，有人向袁庚建议：建立工业区内部结算中心，所属企业从内部结算中心开户，中心在银行统一开户。成立结算中心有两大优点：一是可以节约使用资金，消除存款与贷款的时间差和利率差；二是确保资金的安全使用，避免因企业单独开户难以管理而引发其他问题。

1984年4月，全国第一家企业内部结算中心在蛇口问世。1986年，中国人民银行行长陈慕华到蛇口视察，袁庚趁机提出：“希望能在蛇口工业区财务公司的基础上，组建一家完全由企业法人持股，严格按市场经济规律运作的现代化商业银行，也许能为中国金融改革作一些探索。”

招商银行于1987年4月8日在深圳蛇口正式成立。

实际上，招商局在历史上就有办银行、办金融的传统，洋务运动时就曾办过中国历史上的第一家商业银行——通商银行，第一家保险公司——保险招商公司，在中国近代金融史上留下了浓墨重彩的一笔。如今这一笔在改革开放的岁月里又诞生了新的篇章。

招商银行一开始成立时是由招商局独资1亿元创办的，为了避免“私有钱庄”之嫌，更为了把银行做大做强，决策者们毅然决定增资扩股，实行股份制改造，走规范化的发展之路。1989年招商银行改制成有限责任公司，资本金由1亿元增加到4亿元，股东由1家扩大到7家，招商局的股份由100%减少到45%。1993年又将银行由有限责任公司改造成规范化的股份有限公司，资本金增至28亿元，股东增至93家。1999年再次扩股增资，资本金增至42亿元，股东扩大到100多家，招商局的股份减至30%。在招商银行的产权制度的创新过程中，招商局是当之无愧的“开明婆婆”。

招商局在招行管理体制的创新上同样也表现了长远的战略眼光：招行刚创办时，只有招商局一家股东，但一开始就组成了董事会，并实行严格意义上的董事会领导下的行长负责制。经营班子由董事会聘任，后来，经过股份制改造，实行了更加规范化的股份制商业银行运作机制，从而真正实现了所有权与经营权的完全分离。股东大会是最高权力机构；董事会是最高决策机构，决定大的方针政策；监事会将国家利益、股东利益、银行发展结合起来，对银行进行监管。可以这样说，正是这种规范的法人治理结构和体制上的创新，奠定了招商银行日后腾飞的基石，也为中国经济体制改革书写了经典的篇章。

在招行的创业史上，除了创始人袁庚，还有一个人值得铭记，那就是被袁庚“骗”去当行长的王世桢。王作为招行的具体实践者、第一任行长，当时是招商局副董事长。“我本来是搞造船的，俗话说人过五十不学艺，我54岁了还要改行去搞金融。当时的确不愿当行长，我是被袁庚同志骗上行长位子的，他说一边干，一边再找人。可我这一干就是12年。”

12年时间，王世桢把自己从一个门外汉变成了中国第一位真正意义上的商业银行行长。

王世桢原来就是招商局的常务副总经理，整个香港招商局的企业都归他管。应该说，王世桢在香港居住和工作多年的经历，对招商银行的创业思路和管理体系的建立确实产生了巨大的影响。

招商银行成立时，人民银行的批文确定：“招商银行是深圳经济特区蛇口工业区投资的综合银行。”如果偏安一隅，招商银行这条小舢板就永远驶不出深圳湾。王世桢在招商局独家注入资本金的时候，就要求注入25%的外币，这就为招行国际业务、外汇业务的开展提供了便利（资本金中外币占一定比例的所有国内银行，当时只有招行一家）。1989年，招行获准独家首办离岸金融业务，为中资驻外企业以及国内经济建设筹资，积累了丰富的国际金融市场运作经验。在业务整体的开拓上，招行的业务由银行业务向非银行业务延伸，成立了财务公司，组建了国通证券，控股了长城证券公司。这些业务触角的延伸，为组建全能型的金融控股公司埋下了伏笔。

王世桢行长在建行之初就十分重视电脑中心的建设，里面的设备完全是按世界一流标准配置的，并在国内银行业中创下了银行电子化建设的多项第一。招商银行最早的电脑部总经理徐连峰在中国银行伦敦分行当了6年电脑部经理。根据自己在国外的经历，徐连峰与王世桢一起最终选定了AS／400这个平台，并且靠着“直觉”引进了国外已经开始流行的客户号管理的概念。事实证明，AS／400一两个系统管理员就可以全部搞定的集成操作系统，非常适合招商银行这样规模的银行来用。特别是新业务开发周期短的特点，使得招行后来在推出新业务的速度上占据了不少优势。而客户号管理的概念虽然并没有很快在国内得到认同，但是招商银行的整个系统是以客户号思想作为基础的，这就为招商银行后来的“成名作”——“一卡通”埋下了伏笔。

招行原先以企业客户为主，走的是批发银行的路子。一直到1993年，企业存款业务仍然占到总业务量的93%，私人存款业务只有7%。但是企业客户的资金进出量都很大，稳定性差；私人储蓄稳定性好，而且上升势头远超企业储蓄。招行决心去争取私人储蓄这块大蛋糕。

1995年2月，招行成立了个人银行部。为了避开机构网点少的劣势，招行开发并倾力营销“一卡通”。

“一卡通”的设计思想包含了一次重要的观念变革。传统的银行储蓄实行的是账户管理，用户手里定期存折一张单子，活期一张单子。而对银行来说，客户的银行账户分散在各个系统之下，银行也不知道客户的全面信息。招行提出了“客户号”概念，即以客户为中心的综合账户管理一张卡里包括个人所有账号。在此基础上推出的“一卡通”具有通存通兑、一卡多账户、消费等功能。用户只要用密码进入，账务管理都交给银行来办。

“一卡通”获得了极大成功。1994年末，招行的储蓄存款余额为15.68亿元，1999年末增至262.8亿元。1999年，招行人民币储蓄存款增量是除交通银行以外的其他8家股份制商业银行增量总和的1.86倍。

1999年，招行在全国全面启动网络银行服务，“一网通”高调亮相，招行正式获批开展网上个人银行服务，由此成为国内首家经监管当局正式批准开展在线金融服务的商业银行。

如果说在现实世界招商银行与“工、农、中、建”这些传统大行相比，在资产上还差得很远，那么在应用新技术和开发新业务方面，招行却远远走在了前头。特别是在互联网领域，目前招商银行网上对公和对私业务的交易量已经把国内其他银行远远地甩在了后边。在这个新的世界里，招商银行变成了领跑的“大行”。

自1996年以来，招行在英国《银行家》杂志“世界首25家最佳资本利润率银行”的排行榜上频频亮相，而在《欧洲货币》杂志1999年“亚洲最大100家银行”的排名中，招商银行股本回报率首次位居亚洲银行业第一。迄今为止，招商银行是中国内地规模第六大的银行。Brand Finance发布2017年度全球500强品牌榜单，招商银行排名第91 。

“敢为天下先”的“招银精神”，非常前卫的、高度市场化的“招银模式”得到市场的肯定和业界的好评。在集权金融体制下，深圳金融业的腾挪空间本来是有限的，但是招商银行却以制度创新和技术创新支持服务创新，使人们看到了中国新兴金融企业的活力与希望。

更重要的是，招商银行的出现，改变了中国老百姓对银行的看法。过去，威严肃穆的银行大厅、名目繁多的各式单据、不苟言笑的工作人员、黑压压的等待队伍，总会让我们觉得自己的渺小和无助；柜台内外、储户满脸堆笑地问过去，小姐冷若冰霜地回过来：自己看说明去！等到招商银行出现的时候，我们才回过味来：不是咱求着银行收留咱的小钱儿，而是银行求着咱去存钱。引导员站在门口，笑眯眯地指点迷津；大厅里不见了长队，人人都拿着顺序号靠在沙发上看报纸；柜台前面放了张高脚凳，坐等办手续的时候，您可以从手边的小碟子里挑颗糖吃……这些说大也大、说小也小的细节昭示：银行不是衙门，而是服务顾客的第三产业。

麦伯良、王传福：“中国制造”的深商代表

中集集团初创于1980年1月，最初由香港招商局和丹麦宝隆洋行合资组建，是中国最早的集装箱专业生产厂和最早的中外合资企业之一。

1982年，刚从华南理工大学毕业的年轻人麦伯良怀着满腔热情来到深圳特区，在蛇口工业区劳动服务公司等待分配。“当时中集要报价，要搞技术说明书、图纸，没有人，就叫我来帮忙。帮了一个星期，中集第一任总经理是丹麦人，叫莫斯卡，他问我能不能留这儿？我说，留就留吧。可能他们看我干活还行吧。我做集装箱的第一个老师是英国人雷诺。当时，中集的总经理和生产技术部经理都是外国人，雷诺是生产技术部经理。”

但到了1985年，中集由于经营不当，合资面临失败，公司濒临倒闭。经过艰难争取，上级同意中集留下59人，而麦伯良是当时的59人之一。麦回忆当时的情形，非常坦率，“就是59个人活命”，在那时，麦以及伙伴并没有想到10多年后，他们不仅活下来了，而且做到了世界第一。

1987年，中集改组为中远、招商局、宝隆洋行的三方合资企业之后，重上征程。麦伯良从最初的技术员当上了副总经理，当时他28岁，四年之后，麦成为中集的总经理。

为了活下去，中集开始了第二次创业。最初，中集注意到控制成本是制造业的法宝，施行成本领先战略，技术创新也围绕降低成本展开，中集逐渐活了下来。1992年，中集推行成本为中心的目标管理，每标准箱除材料成本外的其他成本费用下降了一大半。后来，中集还在接单、设计、采购等方面对成本实行控制。

20世纪90年代初，韩国集装箱行业在世界居领先地位，韩国在集装箱制造最高峰的时候占的份额超过60%。但当时并没有一家大企业集团意识到集装箱产业即将转移到中国这一趋势。

麦伯良等中集人意识到这一点，果断抓住这个机遇。1993年，中集开始了大规模的并购重组。中集先后将大连集装箱厂、南通集装箱厂、新会集装箱厂、天津北洋集装箱厂、上海远东集装箱厂、青岛现代集装箱厂等10多个企业收归麾下，国内集装箱制造企业全部归入中集旗下，中集公司资产规模迅速壮大。并且，对韩国公司设立的一些集装箱制造企业也收购了过来。中集将自己的成本控制、管理机制输入并购的企业，有效地整合了收购的企业，中集集团拥有了华南、华东、华北三大区域18个生产基地。

1996年，在麦伯良担任总经理5年之后，中集第一次实现了集装箱世界销量第一。1996年之后，中集逐步加大了研发投入，中集的技术含量逐步提高，成本领先加上技术创新，中集牢牢地占据了集装箱的世界第一这把交椅。

2003年7月份，中集在深圳东部自己投资建设了第二个干货集装箱厂。据悉，这个集装箱厂是中集最为先进的工厂。据媒体有关分析称，虽然中集已经有10多个干货集装箱厂，但大都是通过收购得到的，真正自己投资的只有南方中集。中集的这个东部集装箱厂，是世界上最先进的集装箱生产线。东部工厂的设计则完全按照精益生产的原则来设计，最大限度地减少了物料的搬运、工人的等待时间。以前是一个部件一个部件地在车间做好，然后再运到一起总装，有很多的转运等待。在东部工厂，集装箱的前墙、后墙、顶板做好之后就被运到总装台。东部工厂的生产效率也有了极大的提高，以前南方中集最快的生产线是每6分钟生产一个标准箱，而现在东部工厂只需3分钟。

2003年5月20日，中集并购了美国排名第五的半挂车制造商万格勒

（Hpa Monon）。此外，中集在1999年还介入了空港设备领域，以机场旅客登机桥、全自动航空货物及物流处理系统、自动化立体停车库等为主要产品，其中登机桥的国内市场占有率迅速达到了80%以上。

中国人民大学农业与农村发展学院院长温铁军评价中集是中国本土制造企业逐渐做大做强的典型之一："能够真的走出去的，能够真的参与国际竞争，并且在国际竞争中立于不败之地，甚至占有相当大市场份额的企业，实在是不太多。"

另外一个饮誉世界的深圳制造业大王是王传福。

科研人员出身的王传福很早就有自己的见解：在中国，产品只要进入家庭，就拥有世界上的最大市场。随着移动电话的"井喷"，王传福坚信电池产业在中国一定大有作为。而手机充电电池一直是日本一统天下，我国当时只能买些电芯搞组装。

1995年2月，王传福向做投资管理的表哥吕向阳借了250万元，注册成立比亚迪科技有限公司，生产电池。

王传福从技术含量和利润最大的电芯生产开始介入，只用了2年时间，比亚迪公司的镍镉电池销售量就达到了1.5亿块；接着比亚迪开始镍氢电池的开发，产品在欧美和日本市场势如破竹；2000年，又开始了锂电池的开发。目前，比亚迪以近15%的全球市场占有率，成为中国最大的手机电池生产企业，产销量名列全球第二。在镍镉电池领域，比亚迪全球排名第一，镍氢电池排名第二，锂电池排名第三，在国际市场上正与日本三洋一决雌雄。在香港上市的比亚迪的市值达到150亿港币。公司规模由初创时的20人，发展到今天的7万多人。

王传福在电池业的成功，使人们对他的冒险创业赞许有加。然而投巨资涉足汽车业的再次挑战，行业内外无不为他捏着一把汗。2003年1月23日，比亚迪宣布，以2.7亿元的价格，收购陕西秦川汽车有限责任公司77%的股份，成为第一家收购国有汽车企业的民营企业。

王传福之所以敢如此大胆，底气依然是中国制造业的成本优势。

2002年，王传福去日本考察了好几家手机壳模具厂，这其中有一家也做汽车模具。他惊讶地发现，汽车模具和手机模具是一样的，基本上也是靠人工做出来。汽车模具的生产分为工艺分析、模具设计，到编程、到加工中心，最后到调试、组装这几个环节。只有加工这一道工序需要使用机器，其余都是用人工。这一发现，让王传福意识到比亚迪造车的商业机会——只要是所有与人工有关的制造，中国的优势会比其他任何国家都强大。

汽车工业里很大一部分都是受模具行业的限制，一款整车的开发成本基本上在1.5亿美金左右，但70%—80%都花在了模具上，模具是汽车工业之母。王如此表达当他想通这一点时的内心喜悦："当我发现比亚迪也有做汽车的市场机会时，我冲上去都嫌慢，我要扑过去。"

他的第一个动作，就是拿下"北京模具厂"，这家原来隶属于北京吉普的企业，拥有雄厚的技术力量。收购后，"北模"得到了扩建，而且还建起了一条国际领先的注塑线，这是国内很多模具厂都不具备的。另外，比亚迪从日本具有全球一流技术水平的模具厂里挖来了大量的技术人才。

王相信，对模具生产的投资一定会转化为汽车制造时巨大的成本降低。仅仅一项外覆盖件的模具，在国外开发的成本就是几个亿，而比亚迪自己做，成本只有国外的1/10。产自北京模具厂的F3模具成本造价1.5亿元，这个水平也只是国外厂商的1/6。"现在，几乎所有你能想象的汽车厂商都是我们的客户。"比如陆虎、上海大众、切诺基等已经用上了由比亚迪开发的模具。

正是因为有这样的底牌在手，比亚迪才敢于在外界一片惊愕声中兼并秦川汽车，又能够在兼并秦川2年之后开发出自主品牌的汽车比亚迪F3。F3一经投入市场就夺得了“三冠王”，受到业界普遍关注。在全国整车关税下调、油价上涨、车市进入淡季、众多车型价格纷纷跳水的市场背景下，比亚迪F3继续保持了旺盛的人气，确立中级车市场的领先地位。

王传福敢于冲刺中国汽车业老大地位的另一张王牌是：制造新型汽车。

在当今能耗紧张、迫切需要开辟新型汽车的局面下，比亚迪希望通过电池领域的核心技术优势，打造中国乃至世界电动汽车第一品牌。

“电动汽车之所以不行，就是因为电池的问题。我掌握了电动汽车的关键——电池。”王传福毫不讳言做电动汽车是比亚迪进入汽车业的初衷。

发现和发掘中国制造业的比较成本优势，是麦伯良把一个曾经濒临倒闭的小厂变成集装箱国际标准制定的“行业领袖”的秘诀；而把一个不引人注目、几乎人人可以介入的行业做到世界一流，又把一个人人注目、但是已经无人敢于轻易冒险的行业做得别开生面，就是王传福这样的深商的锐利之处了。

马化腾：深大毕业生和他的“腾讯帝国”

1984年1月，深圳大学的校园还是一片荒山，什么也没有，但9月份学生就要在那里开学上课，这就是“深圳速度”！

深大不仅仅是深圳的大学。根在特区、魂系改革，因特区开办，随特区成长。深圳人来自五湖四海，深大的老师也来自五湖四海。这群老师云集了全国各地大学“大陆派”的精英，也吸引了留学世界各地大学“海归派”的精英。深圳大学可以说是“水木清华”的。清华大学是深大开办时的主要力量之一，深大首任校长就是原清华大学副校长、两院院士张维，而第二任校长罗征启也是清华大学原党委副书记，深大很多理工科的系主任都是清华的老专家老前辈，清华的精英奠定了深大理工科的基础。深圳大学也可以说有“未名塔影”。北大是深大开办的另一支基础力量。深大的人文学科如文学、法学、外语等科系都是依靠北大建立的。经管类主要依靠中国人民大学而建立的。可以说，深大是国内三所顶尖大学联手打造的特区大学，兼具三所大学的遗传因子。

深大具有独特的教学方法和办学特征：所有的同学每学期都要提交读书报告和假期见闻；课程改革方面，深大独创以体育俱乐部形式上体育课，同学们根据自己的兴趣自由选择，学会一技之长，终身受用，这个制度在全国还是开了先河；为了扩充同学们的视野，学校推行理科生修《文史哲通论》、文科生修《科学史纲要》的制度，以此提高学生综合素质；深大率先实行学分制、奖学金制、主副修制等教学管理改革，率先实行毕业生不包分配、推荐就业；率先实行勤工俭学制度，率先实行聘任制；率先实行后勤管理体制改革，等等。在深大就读，是没有饿肚子的机会的，各种形式的家教、兼职以及学校提供的勤工俭学机会已经足够学生的伙食费用，深大学生动手能力强，就业比例高是出了名的。

“一流的师资，先进的教学设备，创新的学生”，深大的辉煌最终要靠深大毕业的学生来演绎。掀起校园青春文学热浪的《花季雨季》作者郁秀、上演“巨人电脑”“黄金搭档”等商海神话的史玉柱、“经济学保姆”薛兆丰、“QQ之父”马化腾……深大正在影响深圳，影响中国。

1984年，13岁的马化腾跟随父母从海南来到深圳，中学毕业后就进入深圳大学攻读计算机专业。在深大的岁月，马的计算机天赋已经让老师同学刮目相看，他既可以成为各种病毒的克星，可以为学校的PC维护提供解决方案，又还干些将硬盘锁死的恶作剧，让机房管理员哭笑不得。

1993年从深圳大学毕业后，马化腾进入润迅公司。开始做软件工程师，专注于寻呼软件的开发，并一直做到开发部主管的位置。这段经历使马化腾明确了开发软件的意义就在于实用，而不是写作者的自娱自乐。而也正在这一年，他的大学师兄史玉柱开发的“汉卡”软件已经红遍中国，巨人集团名噪一时。从师兄的身上，马化腾得到了某种启示。

马化腾是潮汕人，潮汕人那种深入骨髓的商业细胞开始在马的身上“激活”。当时正是股市最红火的年代，于是聪明的马化腾与朋友一起开发了针对股民的“股霸卡”，结果这个软件一炮而红，在赛格电子市场甚至卖到断市。同一时间，马化腾亦弄潮股海，并在1994年完成了一次飞跃，为其后来独立创业打下了基础，那时马化腾最精彩的一单是将10万元炒到70万元。

“从1998年开始，我就考虑独立创业，我感觉可以在寻呼与网络两大资源中找到空间。”

1998年11月，27岁的马化腾创办了深圳腾讯计算机系统有限公司。1999年2月，腾讯自主开发了基于Internet的即时通信网络工具——腾讯即时通信（Tencent Instant Messenger，简称腾讯QQ），一个网络神话开始了。

腾讯QQ的用户群迅速成为中国最大的互联网注册用户群，而QQ的标志——那两个憨态可掬的企鹅更是风靡了无数年轻人。通过和中国移动的合作，腾讯移动QQ曾占据了移动梦网70%以上的业务量，几乎每一个网民都用过它来聊天，它的知名度超过了互联网上任何一个名字。“别call我，Q我”，不少人背着企鹅背包，穿着QQ制服，床头摆着QQ相架，床上放着QQ靠枕……要做QQ一族。有人说：马化腾打造了一个QQ江湖，而他就是这个江湖无可替代的帮主。

马帮主的江湖越来越大，并迅速成长为“腾讯帝国”。2004年，腾讯在香港上市，“在线生活”主张得到了资本的支持。2005年上线“QQ空间”先后打赢对51.com、人人网、开心网的三大战役，成为互联网社交化的大赢家。到2009年，腾讯网游收入超越盛大，“娱乐帝国”的规模初具。到2010年，腾讯拥有了4个亿级入口——QQ、QQ空间、QQ游戏、腾讯网，以其巨大流量，横扫互联网各个领域，几乎无坚不摧，成为互联网PC时代的“全民公敌”。2011年，微信上线，腾讯拿到了移动互联网的第一张“站台票”，并开始其“连接一切”的“互联网+”的时代。

2005年底，年仅34岁的马化腾被美国《时代》周刊和CNN评为“2004全球最具影响力商界人士”，因为马化腾不仅改变了数亿中国人的沟通习惯，创造了一种网络时代的文化，更引领出一个全新的赢利模式。说得太对了！马化腾本人就像大多数沉默的中国人，木讷寡言，有社交羞涩症，但是这不表明中国人不需要社交、不想表达。QQ和微信为中国人定制了最适合他们的社交表达方式，这也许是马化腾总是能赢的真正秘诀。

就像**每个城市**都有自己的特质
样，深商联从出生到成长都是
完全市场化体制下运行的。其
立是为**满足市场**的需求而发起
运行也是按企业和市场的需求
发展。

第九章

朝向好商量的社会

不靠乡缘、血缘，深商为何也能抱成团？

2004年6月2至3日，深圳万佳百货、新一佳超市等40余商家的POS机集体“故障”，两天“维修”期内，银行卡刷卡消费业务一律暂停，这就是震撼全国的深圳“银商之争”。

深圳是国内的“刷卡乐园”，但消费者的潇洒刷卡对零售商来说却是沉甸甸的压力，因为每次刷卡零售商都需要向银行方面缴纳1%或1.5%不等的手续费。按照公开报道的刷卡额，以1%的刷卡手续费费率计算，2004年春节期间，零售商向银行方面缴纳了220万元手续费；“五一”期间，手续费更是高达560万元。

数字的背后是零售商与银行业之间由来已久的矛盾。据了解，此次集体行动之前，深圳市不少零售商曾单独与银行方面协商，要求降低费率，但都遭到了拒绝。深圳之外，也曾发生过成都国美和上海永乐单挑银行业的事件。在那两起事件中，零售商都表示如果银行方面不降低手续费率，就将拒刷银行卡。当时，这两起事件引起了新闻媒体的广泛关注，但由于银商之间势力悬殊，最终这些事件都不了了之。当时银行方面甚至拒绝与这些商家进行公开谈判。

也许是吸取了以往的教训，深圳的大型零售商这次实现了全面联

深圳推进行业协会诚信自律建设，236家行业协会、商会制定行业诚信自律公约（图片提供 深圳报业集团图片库）

合。据统计，最后参加联合行动的商家共46家，其中包括了深圳本地的零售业巨头华润万佳、新一佳超市、百佳超市等公司，也包括外来的国美、苏宁以及顺电等大型家电连锁公司。除超市之外，众多的百货公司也加盟其中。此外，深圳市新华书店、深圳市天音通信及海王星辰医药等专业零售公司也出现在集体行动名单中。名单中也看到了好又多量贩这样的台资企业。这些零售商的年销售总额超过300亿元，占深圳市年零售总额的60％以上。零售商要求银行将刷卡消费手续费率在原有的基础上降低0.5个百分点，如果这一要求得不到满足，他们将从6月1日起集体拒绝刷卡消费。

由于是集体行动，所以整个事件进程显得与成都国美和上海永乐那两次事件有着很大差别，行动组织得很有章法，并且最终让银行方面坐到了谈判桌前来。5月20日下午，深圳零售行业协会与深圳银行业代表在深圳发展银行大厦里的谈判持续了两个多小时，最终因谈判双方分歧过大而宣告失败。波及全国的“银商之争”终于爆发。

尽管深圳银、商双方就刷卡消费手续费率问题展开的谈判最后还是没有谈出理想的结果，但是银、商双方能够通过各自同业公会来展开商业谈判，就说明深圳商人已经有了集体谈判的自觉意识，说明深圳商人并不都是勇猛有余、理性不足的，深圳商人是有谈判精神的，更加说明深圳的商人看起来像一盘散沙，实际上却是有凝聚力的。

共同利益是深商抱团的内在动力，商会、行业协会是深商结伙的组织形式，这是深商与以往靠乡缘、血缘来维系的旧式商帮的一个最大的不同。深圳市零售行业协会的存在是分散的深圳零售商得以采取集体行动的重要原因。2004年2月下旬，一家会员单位反映银行刷卡手续费率太高，商场每年付出的费用逐年增长。零售行业协会马上逐一向会员展开调查，发现各零售企业在支付银行手续费率方面的支出都相当大，于是召开会长联席会议。协会的提议得到会员单位的积极响应，共有40余家零售企业联合向银行提出降低刷卡手续费用要求。自愿选择放弃公务员待遇、甘当民间行业协会职业秘书长的深圳零售行业协会秘书长花涛认为：“行业协会是社会中介组织，是行业共同利益的代言人。当行业利益受到不公平待遇时，就应该站起来与别的行业去交涉。”于是，他带领零售行业协会发起了深圳零售企业第一次联合起来的集体抗议，这也是国内首次由行业协会出面，代表一个行业公开与另一个行业叫板的事件。

深圳的商会建设一直领先全国。早在20世纪80年代早期，袁庚就在蛇口工业区允建商会，梁湘主政深圳以后更是鼓励发展商会组织。深圳工商联是全国最早参照海外商会模式改组为“总商会”的。但是，深圳早期的企业家多来自境外，民营企业的普遍崛起是在90年代中后期。

与此相对应，深圳外商投资协会是深圳发育最早也是办得最好的商会之一。港资企业习惯在邻近的香港参加自己的商会，因此深圳没有非常有影响力的港商协会，但是台资企业还是必须在大陆结社，所以，东莞、深圳等台资集中的地区台商协会十分活跃，他们甚至计划建造东莞第一高楼——台商会馆。

20世纪90年代中期以后，深圳民营企业家迅速成长起来，一批青年民营企业家经常集合在深圳市福田区青年联合会主管的福田区民营企业家联谊会上，他们开讲座、搞联欢，走出去、请进来，非常活跃。福田区民营企业家联谊会秘书长王理宗成为著名的商会活动家，他能以个人名义将各自为战的深圳民营企业家召集到同一张圆桌旁。家具行业协会、服装行业协会、经纪人协会、海归俱乐部、电子商会、华强北商家联谊会等一批正式、非正式商人会社也越来越显露出各自的魅力，其整体素质和活动能量即使与温州商会相比也毫不逊色。例如，深圳集装箱拖车运输企业协会发起停止支付船公司在提货单环节“换单费”的集体行动，迫使全球最大的船公司马士基低下头来寻求“对话解决”问题的途径。深圳家具行业协会组织会员企业应对美国贸易委员会针对中国木制卧房家具的反倾销调查，为深圳企业挽回近1亿美元的损失。

2004年6月22日，深圳设立行业协会服务署。原有经济类行业协会146个，对口31个部门管理，现在全部归口行业协会服务署。这不是“31个婆婆”变成“一个婆婆”的问题，因为行业协会服务署本质上不是“婆婆”，而是“行业协会的协会”。行业协会服务署的一个重要职能就是全力推进深圳行业协会的“民间化”。此举被誉为“深圳一小步，历史一大步”。由此，深圳商会、协会步入飞速发展时期。

广东高科技产业商会秘书长王理宗就是深圳商会活动家中的杰出代表。不论是政府官员，还是民企老板，他们都乐意把王理宗当好朋友，希望王给他们带来商机、资金、技术，还有思想、思路、理念……王理宗的社会活动能力表现在：率先在深圳牵头建立了以“广交朋友、传递信息、交流经验、资源互补、涵养商德、回报社会”为平台的全国首家常设性“民企经济论坛”，早年间在深圳地区组织了几百次免费的研讨会、座谈会及讲座，内容涉及企业战略、人力资源、营销、企业文化、物流、信息、融资、法律、政策等，不仅满足了广大民营企业和民营企业家对信息、信用、资源和经验的强烈要求，也降低了企业的信息成本、人力资源成本、经验成本和理念成本，开拓了“企业讲台社会化”“内部培训公开化”的模式。

王理宗认为，自己所在商会的成功很大程度上得益于企业家的家园感。商会的活动有时显得江湖味很浓，称兄道弟的声音此起彼伏。王理宗称，“民营企业家在精神上是孤独的一群，得到尊重、理解和认同是他们的普遍愿望”。在王理宗眼里，商会的每一次活动都是“家庭”聚会。商会一年在深圳地区至少举行50次以上的活动，全部对会员免费。

王理宗透露，商会活动已经形成一些潜规则，比如会员的经营出现波动，知情者都会出主意；出现短暂周转困难，相互间的资金支持也非难事。很多时候，会员的开场白往往是这样的：我想向大家讲一点体会，这点体会我是花了两千万买回来的。王理宗说，每次活动都有很多会员提出要求，希望能登台公开说一说自己的教训和困难。商会的活动中，经常可以看到有些大型企业的掌门人站出来，欢迎“小兄弟”们多多合作。由于会员大多在一条产业链的上下游，彼此间的交易也变得简单直接，甚至不少企业间的交易可以赊账。“购买100万的原材料，普遍的做法是现钱现货。但在会员之间，他们可以先交易再结算，这在无形中解决了部分企业的融资问题。当然，商会在这种关系中起到至关重要的作用。同在一个家里，这就是信用成本。”王理宗对此这般解释。

与王理宗一样活跃在深圳商会界的活动家还有深圳市外商投资企业协会会长兼秘书长郭小慧、南山区民营企业家商会副会长兼秘书长吴海宁、深圳零售行业协会会长兼秘书长花涛等。在2004年那场激烈的“银商之争”中，深圳零售商协会秘书长花涛一直充当着本行业的代言人，为行业的整体利益摇旗呐喊。在“银商之争”期间，花涛告别了“公家人”身份，成为一个彻底的“协会人”。

徐建是一位传奇律师，也是中国第一个民选的律师协会会长。中国人民大学法律系毕业，当过律师，做过司法局副局长，引领中国法律实现了一个又一个突围：他是第一个对中国刑法中的“反革命罪”提出质疑的人；他参与起草了中国第一部《财产保险条例》；他在深圳筹建第一家对外律师事务所；他第一次把“见证”引入中国；他在深圳首开民间仲裁业务；在担任深圳市司法局副局长期间，推动了改革开放后中国第一家律师事务所、第一家合伙制律师事务所、第一家个人律师事务所在深圳诞生。他是第一个辞去司法部副厅级待遇的国家公务员，他是中国第一个民选的律师协会会长，也是第一个经历“罢免风波”的律师协会会长，在经历了一个又一个法律突围之后，他把深圳市律师协会构建成一个依法行政、依法治会的试验区……

林慧，深圳市商业联合会执行会长，兼有国企管理经验和深圳企业家联合会的工作经验。随着“深商”群体逐渐被社会熟知、“深商”概念日益清晰，以及“深商”精神的广泛传播，2005年12月，林慧等以市场化法则成立了深圳市商业联合会，简称“深商联”，一开始就明确了自己的使命：让“深商”成为中国最具影响力的商帮，把“深商联”打造成中国最受尊敬的商会。

“就像每个城市都有自己的特质一样，深商联从出生到成长都是在完全市场化体制下运行。其成立是为满足市场的需求而发起，运行也是

深商联合会10周年合影（图片提供 深商联合会）

按企业和市场的需求而发展。”林慧女士坦言。

“服务赢得尊重，创新赢得未来。”10多年来，深商联高举“服务立会”的旗帜，走为企业、企业家服务之路，把深商联建设成为温馨和谐、合作共赢的“深商之家”。近年来，深圳市社会组织发展迅速，全市社会组织突破9,000家。虽然深圳社会组织的多项工作已经在全国处于领先地位，但是社会组织的生存与发展仍然是一个严肃的课题。唯有服务，唯有设计和提供专业的、优良的服务才能立足，才能发展。深商联正是因为紧贴会员服务需求，不断创新管理机制和服务模式，才赢得了广大会员企业与社会各界的认同和尊重。自2009年以来，深商联连续多次被评为“深圳市5A级协会”，2010年被国家民政部授予“全国先进社会组织”称号。先后组织开展十届“深商风云人物”和“影响中国的深商领袖”评选、八届“深圳老字号”评选、“改革开放30年影响深圳30

个经济人物”评选和德勤深圳高科技高成长20强评选等活动。通过建立深商档案馆、录制深商口述史等系列品牌宣传活动，在国内外引起广泛影响，有效地提升了深商的影响力和凝聚力。深商联每年为会员企业举办系列品牌和规模化个性化活动100多项；整合优势资源，承接政府职能转移和购买服务，精心打造深圳市中小企业公共服务平台、深圳市中小企业运营监测平台和深圳市中小商贸流通企业公共服务平台等3个国家级平台，办好中国国际人才交流大会深圳论坛和中国慈善项目交流展示会等国家级展会，成立深商总会，召开中国深商大会，构建深商更大发展平台；积极开展国内外交流与合作，助推深商更好地融入世界、拥抱世界、迈向国际化；设立深商公益基金，履行深商社会责任，推动深商自治办会，深商参政议政，创新管理机制，打造核心管理团队等。

《深商联宪章》规定，服务是深商联工作的主线，贯穿各项工作始终。以服务赢得尊重，以服务创造价值，以服务促进发展，是商会的基本原则。深商联因服务而诞生，因服务而存在，因服务而进步，因服务而发展。迄今为止，深商联已成深圳规模最大的民间商会平台，名副其实的“深商之家”。

为什么需要商会？

我国商会发轫于春秋，时称“肆”；至隋、唐渐成雏形，曰“帮会”；宋称“行户”；明、清谓“行会”“公所”“同业工会”；清光绪二十九年（1904年）颁布《商会简事》，清光绪三十三年设“商务总会”；1915年，北洋政府颁布《商会法》；1929年，民国政府颁布《工商同业工会法》；中华人民共和国成立以后，旧商会全部解散。

改革开放以后，市场经济发展起来，商会组织也开始活跃起来，深圳的商会改革尤其走在前列，这是时代的需求：

前海七周年暨自贸新城建设开放日（图片提供 深圳报业集团图片库）

一、商会是在市场经济条件下，有着共同目标、共同要求的经营单位结成的维护共同利益的、自我管理的、自我服务的社团。在计划经济体制下，公有制经济一统天下，企业不需要商会。依靠政府行政职能谋取生存的行业协会也不是真正的商会。

二、商会，生逢其时。究其原因，主要有下面三点。首先，从计划经济向市场经济转变，当代中国的社会结构日趋复杂化、多元化，社会的各行各业都需要有真正代表自身利益的代言人和协调者。其次，加入WTO后，原有的“区域性市场”“国内国外两个市场”的概念在淡化，取而代之的是统一的世界市场。在国外产品进入中国市场的过程中，我们看到了其背后为之策划、推广、周旋的国外商会的影子；同样，为了更好地搏击世界市场，中国企业迫切需要按照国际惯例组织团结起来。第三，中国政府正在从传统管理一切的“全能型政府”向“有限政府”

转变，很多原来从民间收走的权力要还给民间，民间经济需要能够自治和自我约束的社团组织。

三、在市场经济条件下，商会的基本性质主要是非政府性和非营利性。首先，商会的非政府性是指它不具有法律授予的公共权力，在组织机构上与政府相分离，在职能上不附带行政管理性质。其次，商会的非营利性是指它属于在政府部门和营利部门（企业）之外的志愿团体、社会组织和民间协会。政府组织、社会组织和企业组织，是构成现代社会体系的三大支柱。

四、商会作为具独立法人地位的社会组织，其基本功能：一为组织自律性，二为互惠性，三为保护会员权益。商会的行为自律功能有别于政府的强制性调控功能和工商联的监督引导功能，商会的互惠功能有别于政府的公共服务功能和工商联的社会公益功能，商会的维权功能有别于政府的保护权利功能和工商联的民主参政功能。

五、商会会员自愿入会，会员之间关系平等，领导机构通过会员民主选举产生。

六、在国内以往的商会章程中，工商联和商会是一套机构，两块牌子。工商联是我国20世纪50年代初成立的按照公民政治身份组织起来的参加人民政治协商会议的群众团体。它在政治上具统战功能；行政上相当于政府机构；组织上，负责人由行政直接任命；经济上，是政府管理非公有制经济的助手。随着市场经济体制逐渐走向成熟，特别是入世后，中国的经济体制、体系、法律逐渐与国际接轨，工商联作为政治性的人民团体组织，与商会这种非政府性社团同存一体，不仅会引起商会内在角色的冲突，也限制了商会功能的发挥。

七、政府组织与社会组织的功能不是下放与接替的关系，而是一种互补、整合的关系，它们在各自的功能区域内发挥着不同的重要作用。

政府的所谓“简政”，减的是政府在市场经济中越位的权力；政府的所谓“放权”，放的是本应属于社会的权力，还权于社会，而不是把社会组织当成政府职能的延伸。

八、政府派员在商会中任职与商会组织的非政府性是相违背的。这种做法表明，政府对社会组织的发展心存疑虑，不敢放手，希望通过商会对企业施加影响，实现政府管理的意图。

九、从社会转型的宏观层面来看，当前政府机构改革决不仅仅是撤销合并机构、精简人员、提高效率，机构改革的关键是政府职能的转变。国家权力从原来渗透到政治领域以外的经济领域和社会领域的每一个角落，逐步有序地退出。这次政府机构改革的目标是政府从对公民、企业的直接管理领域撤离出来，改变那种几乎无所不包的全面控制局面，追求一种“小政府大社会”的体制模式和政府与公民、企业之间有一个宽厚隔离带的格局。行业性社团其自身所具有的自治性、权威性和服务性，使它自然而然地成为政府与企业的隔离带。西方国家的商会在政府与企业之间发挥桥梁、纽带和智囊的作用，贯彻执行政府的有关法规法令，阻止企业的违法经营，及时向政府反馈企业经营状况和重要经济事项，反映企业呼声，具有相当高的权威性和决策性。

十、企业在向政府反馈意见的时候，经过商会与不经过商会，效果是不一样的：第一，企业不直接面对政府授权机构，而是对自己所在的商会投诉，可以很充分地表达自己的意见；第二，商会对自己的会员企业能够耐心细致，充分理解会员企业的难处，并且能够运用自己的专业知识概括归纳投诉理由，还可以冷静、理性、客观地向政府提出具体可行的意见；第三，工商联在汇总各民间商会的各种投诉以后，可以进一步提出各种提案议案，推动立法机关和行政机关修改法例，做出政策性调整；第四，以民间商会组织名义投诉，比单个企业分散投诉更规范、更正式，程序性更强，政府有关部门敷衍塞责的可能性要小。政府向企业投放扶持资金如果事先经过民间商会的讨论，申请资金的企业如果需要经过民间商会的推荐，那么透明度就会大大增加，资金投放过程中的“吃、卡、拿、要”现象就会大大减少。

十一、全球化后，境内企业与境外企业直接交锋不可避免，各城市之间的经济竞争，甚至同一个城市、同一个商业区的竞争也将日趋激烈，在这样的情况下，政府不干预，可能导致本地区无谓的损失；政府干预，市场又会留下许多后遗症，明智的做法就是发挥工商社团的作用，进行同业自治、行业自律、企业联合应对，政府的意图可以通过商会以符合国际惯例的方式加以贯彻。

十二、大政府的社会结构一定要变。目前我们的大政府结构还没有变，许多事情要审批，政府直接管企业。政府机构越来越庞大，包办了许多事情，其结果是管不胜管，管理功能越来越弱化，管理难度越来越大。政府和民间永远存在着一种博弈，所谓“一管就死、一放就乱”就是这种博弈的结果。解决这个问题，就要完善社会的中间层，即社团组织。

十三、没有真正的民间商会组织，市场经济就永远不可能真正形成。市场经济的本质就是民营经济。在市场经济条件下，民间商会组织充当着政府与企业之间、企业与企业之间的黏合剂、润滑剂，成为形成市场秩序的必要环节。

十四、没有真正的民间商会组织，我们就难以真正加入世界贸易组织，难以真正融入国际经济社会。国际经济社会有其自身的游戏规则，政府行为和企业行为是不能混为一谈的。在国际经济社会中，民间商会往往作为一个国家某个行业利益的代表，有其政府组织无法取代的作用。

陌生人社会、契约型商帮

易中天认为，以往中国的城市大多是农业社会的产物，而且大多与农村保持着千丝万缕的联系，因此街坊邻里之间，也像氏族聚落或乡里乡亲一样，保持着守护相望的传统，就连最具现代性的上海也不例外。事实上，许多人都认为，上海最有人情味的地方，恰恰是那邻里间相互嘘寒问暖、亲近得几无隐私可言的里弄。在这种环境中长大的城里人，和一个村子里长大的乡下人并没有什么两样：没有隐私，没有秘密，谁有多少斤两，大家心里都有数。因此，即便日后远走高飞各奔东西，重逢之日，对方如果要打听自己的情况，多半也不好意思拒绝。因为面对一个知根知底的人，你根本就没有资格也没有勇气说出“隐私”这两个字。何况对方的打听，本身就透着一份关切，而且是那种曾经休戚相关的人才有的关切。面对这份情谊，你岂止不忍拒绝，没准自己就有倾诉的欲望。结果你不但会和盘托出，而且还会以同样的关切去询问对方。

深圳人却不会这样。对于他们来说，这个城市是陌生的，这个城市里的人也是陌生的。公司里、单位上、同事之间，素不相识，非亲非故。谁也没有关心他人的义务，也没有过问他人的权力。相反，由于竞争是那样的激烈甚至残酷，没准反倒有些提防。在这种情况下，泄露自己的隐私无疑是不智之举，打听别人的生活则难免居心不良的嫌疑，还是互不干涉或心照不宣为好。至少是，差不多每个人在决心闯深圳时，也都决心向过去告别，把历史埋在心底。这种想法是“人同此心”的。你既然不希望别人了解你的过去，那就最好也不要向别人打听现在，而一个人一旦坚守着某种纯属个人的秘密，也就意味着他有了一个私人空间。这个空间是有可能逐渐扩大的，直至说出“我的生活与你无关”。

深圳的民营企业家群体也主要由外来移民构成，很多中小企业主迄今还在这个城市“暂住”。他们大多是从“三资”企业的流水线上出

华为物联网烽火将燃（图片提供 华为技术有限公司）

来的，是从销售一线或技术和管理层面成长起来的，他们有技术、肯吃苦、懂管理、起点高、知识储备丰厚、企业经营的理念比较先进，这些方面完全可以与浙江的民营企业家们相媲美；特别是高新技术产业中崛起的新生代民营企业家，他们的某些品质和素质是浙江一般的农民企业家一时难以企及的。但是在商业制度尚不规范、不完善的今天，在一个陌生的、归属感欠缺的移民城市中创业，深圳的企业家难以抱团结伙，以集成的力量去开拓市场、开创事业，深圳的商业信用不能与温州“地下钱庄”式的地方特色的信用相提并论。

深圳的企业家是孤独的。他们摆脱血缘、乡情、邻里关系、行政隶属等熟人社会中的一些羁縻来深一试身手，尽情展开自己的商业创意，付出的代价是要独自承担一切商业风险。他们在商场中左冲右突，上蹿下跳的时候，环顾左右，经常发现自己身边连一个可以商量的人都没有；当他们冲出重围、横刀立马、顾盼自雄的时候，也往往要重新回到故里才能沐浴成功的荣光。之所以如此，原因是深圳已经步入陌生人社会，但是建立在陌生人社会基础上的新的社会文化还没有形成气候，既缺乏新习惯，也缺乏新伦理，更无法为新兴的企业家群提供及时的文化抚慰和恰如其分的文化评价。

然而，深圳人比中国其他地方的人更可能完成从农民到市民的转变，深圳也就比其他地方可能更快地成为“城市”而非“都市”。在这样的城市里，过去人们熟悉的血缘家族关系不得不抛弃，人们以前熟悉的旧习俗，也像他们随身携带的行李物品，要么因带不走而留在故乡，要么带来了一点又派不上用场而闲置。因此，新规则容易呼之欲出。

事实上，对于中国所有的城市而言，随着人口的增长，组合社会成员的形式由乡村变成城市，“熟人社会”必然要瓦解。成千上万的人生活在同一个城市里，不可能彼此熟悉，就是说不可能一个人把这个城市成千上万人的个人信息都掌握得一清二楚。在这种形势下，“熟人社会”那套约束机制必然会失效，必须用“陌生人社会”的约束机制取而代之。

从进化论的角度看，由“熟人社会”进入“陌生人社会”是人类的一种进步，它克服了“熟人社会”的裙带作风，使人类将血缘关系基础上的无条件利他主义扩展至无血缘关系的人之间，在陌生人中实现有条件的利他主义。这一条件就是“不互惠”。它由契约的形式提出，由法治提供保障。这种有条件的利他主义可以使人类避免因血缘的差异而导致争夺，从而使人类得以平稳进化。但这种进入不会毫无阻碍地实现，它可能首先在摆脱了血缘以及“熟人社会”礼俗的新地方软着陆。像深圳这样的移民城市就得天独厚。在别的地方，“熟人社会”的礼俗仍然是大都市缔结人与人关系的基调，故陈翰笙先生评论说：“吾人所谓之都市，其性质不 City。”没有 City，自然就没有 Citizen（市民），反之亦然。故秦晖先生接着陈先生的话说：“就中国没有Citizen而言，实际上我们都是农民。”只不过有的是城居的农民，有的是乡居的农民罢了。

“陌生人社会”“移民社会”可能是相对于“熟人社会”来说的，着重说明人与人之间的关系打破了原来的血缘裙带和邻里习俗的桎梏；而“Civil Society”更能说明在一个移民社会、陌生人社会中人与人之间的关系是一种新型的市民关系。20世纪末期以来，中国社会格局的最大变化就是：一个以商人为主体，由商人主导的市民社会正在取代以往中国以农民为主体、由官僚主导的乡宦社会。

黑格尔认为市民社会“是各个成员作为独立的单个人的联合”，这种联合的使命正是保证和保护所有权和个人自由，因此具体的、特殊的个人，他们的利益和需要，他们的权利和自由便成为市民社会的最终目的。而保障个人权利的手段是什么呢？是社会契约、是团体自治、是个人意愿的自由表达，等等。

据说，汤因比在他的《历史研究》中，把日本人和广东人作为远东社会最突出的代表，因为这些人出现在中原文明的新地方：广东省在历史上一直是中原薄弱政治统治下的一个偏远省份；日本更是一块处女地，大概在公元六七世纪，中原文明才由朝鲜传过去。按汤因比的理解：新地方的生命力最大，成就总是出现在新地方。

相对中国的其他都市，深圳最有可能成为汤因比所说的那种新地方，深圳今天所取得的成绩，也有几分与汤因比的预言相吻合。深圳今天成为新地方，不仅仅因为它处于中国版图的边缘，还因为它的人员组织与其他城市有质的不同。如果说，美洲新大陆是相对欧洲旧大陆的新地方，我们期待深圳也能够成为相对于古老中国的新地方。

深圳的前途在于创新，不在于怀旧。出入相友，守望相助，小国寡民，邻国相望，鸡犬之声相闻，民至老死无相往来，这样的熟人社会已经一去不复返了。深圳人应该直面移民社会、陌生人社会自身的问题。人类法制史证明，移民社会最容易认同法治。恩格斯的《家庭、私有制和国家的起源》早已告诉我们，从法律的起源来看，法律是人类道德沦丧、无法自治之后产生的。陌生人社会的不信任情结恰巧成为法律产生的心理基础，既然大家彼此缺乏交往、信任的历史传统，讲良心道德不一定得到回报，那就干脆把理说在明处，制定一套法律规则，不靠良心而靠强制力来维系。你可能内心卑鄙龌龊，但只要行为上不违反法律，即可维持一个社会的基本秩序。法律是不易自发产生信用的陌生人社会发明的强制性信用工具，是恶而不是善推动了法的产生。深圳必须迈过法治这道坎，才能真正步入以契约为基础的现代市民社会。

2013年12月26日，深圳有两个会议几乎同时进行：一个是市委全会，旨在为深圳下一步的改革开放定调；一个是深商联合会的年会，王石就任理事会主席。深圳市委全会提出了“市场化、法治化、国际化”的全局改革目标；王石则在其就职演说中将“契约精神”作为“深商”区别于国内其他商帮的重要禀赋加以诠释。官方、民间两个本无关联的会议，却不约而同地指向了同样的诉求：“平等、自由、法治”的营商环境。

奉行“小政府、大社会”理念的深圳市党政领导历来重视政府职能转变，力主市场化导向，尽量减少政府对资源的直接支配，资源配置主要依据市场规则、市场价格、市场竞争实现效益最大化和效率最优化，建设企业自主经营、公平竞争，消费者自由选择、自主消费，商品和要素自由流动、平等交换的现代市场体系，率先构建更加完善的市场经济体系，让一切劳动、知识、技术、管理、资本的活力竞相迸发，让一切创造社会财富的源泉充分涌流。

深商，正是在这种自由竞争的宽松环境下发育、成长并壮大起来的。在深圳，不需要三头六臂、八面玲珑，也能做生意。有个科研技术人员，口笨手笨，在老家的科研所，干活最多，得益最少，还老被嘲笑。但他脑子不笨，他麻着胆子来到深圳，在天安科技园从无到有，从小到大，搞起了一个大公司。这样的深商案例数不胜数。深圳的饭局，不灌酒，座次讲究也不过分，酒桌上的话题不云山雾罩。不像有些地方的饭局，商人敬陪末座，尽说些与生意八竿子打不着的话，最后只留下商人买单。当人们不必为人际关系小心翼翼、武装到牙齿，不必为社会关系临渊履冰、虚与委蛇，只需用心琢磨商业创意，只需没有后顾之忧地实现商业创意的时候，商业的普遍兴盛就是水到渠成的事情了。

深圳的商业氛围，不是没被打搅过。大到“蛇口风波”，小到“10元门”口水战，有时是生死攸关，有时是谈笑间樯橹灰飞烟灭。好在是东风与了深圳便，才有了“东方风来满眼春”这一说。但深圳会不会总能如此幸运？当放权让利的改革走过皆大欢喜的浅水区，走向利益格局错综复杂的深水区的时候，深圳靠什么来确保市场导向、确保商业预期？深圳市委全会给出的答案是令人满意的：在日益多元的社会环境中，法治化是最大“公约数”，也是全面深化改革的突破口。深圳作为市场经济的先发之地，必须加快建设一流法治城市，确立法治在城市治理和社会管理中的基础性、规范性、保障性作用，积极推进城市治理体系和治理能力现代化，努力形成安全有序、可预期的发展环境，使一流法治成为深圳新时期最为显著、最为核心的竞争优势。

与此同时，深商联合会理事会主席王石则通过对深商的“契约精神”的诠释，呼应了深圳的“法治化”改革蓝图。“契约精神”本来就是法治精神的一种凸显，体现了对契约、法治、规则的遵守与敬重。“契约精神”作为现代商业文明的基石，从根本上说，是因为“契约精神”尊重契约关系人之间的“平等、自由的协商”。签订合约、制定法律，前提条件是平等协商。利益关系越复杂，就越需要心平气和地商量。财务、商务，好商量；公共事务、社会事务，也好商量。不好好商量，或者商量好的事不作数，甚至干脆不商量、一味蛮干，只会导致商业的无法预期，也会导致商人命运的无法预期，一切长久的打算，都将因此而变得毫无意义。

商人，某种意义上就是“好商量的人”，现代人的生活，绝大部分就是商人们讨价还价地帮我们协商安排好的。但是，这还不够，还需要全社会都有协商的氛围和风气，还需要一个“好商量的社会”。移民社会中，独立、自由的个体之间，是有“商量、合作”的天然需求的，缺的是协商的方法和习惯。中山先生早在20世纪初就把“学会协商”作为治理现代中国的基本功、基础课。王石在阿拉善公益组织中学到的重要一课，也是关于如何开会、如何有效协商。深圳市委、市政府在广纳民意、网络议政等方面，一直走在全国前列。商会作为“集商议、重商权”的社会组织，更是“学会协商”的好平台。在朝向“好商量的社会”的努力中，深圳值得期待，深商值得期待。

包容人、尊重人、释放人的潜能

最好的社会就是最能容人的社会、最能激发人的创意激情的社会。契约型商帮、契约型社会，能包容没有血缘关系的人，能包容没有地缘关系的人，能激发更多人的积极性和创造性，能产生更多、更好的商业创意、社会创意。

近代启蒙思想家严复从对西方的大量观察中发现，欧洲文化的伟大功绩，就在于发挥个人的潜力，提供一种社会契约，这种契约能使竞争以及市场的其他一切功能，都有利于促进社会改革。同样，通过利用个人的意志力——一种人类的“浮士德”和“普罗米修斯”式的能力，就能创造出一种生机勃勃的文化。

深圳优于其他城市的地方，就在于它为各种人才和各色人等都提供了一个公平竞争和自我实现的广阔天地和选择余地，至少是提供了公平与效率这样一种观念。短短30多年中，深圳之所以能获得如此之高的发展速度，原因是多方面的，但人的解放、人的思想的解放和潜能的释放，无疑是最重要的原因之一。只有当人自己从种种禁锢和束缚中解放出来以后，社会生产力才有可能真正得到解放。人的解放，是深圳故事的主题。

《深圳青年》杂志创办人王京生在杂志的卷首语中写道：深圳的最大优势就是她拥有一个移民社会丰富的、限制较少的想象力。想象力产生神话，更产生卓越的现实。深圳曾经是中国最有想象力的城市，因为这里包孕着无数力图开创新生活的来自四面八方的男男女女的梦想与追求。因此这里首先生长出观念，再生长出高楼和速度。想象力应该是这个城市最大的无形资产。

正是因为深圳能将千百万人的创业梦想孵化为创业型经济，正是因为深圳能让从故乡出走的各种人才把深圳当作自己梦想中的家园，正是因为深圳能够汇聚点点滴滴的民间智慧，提炼、打造、弘扬一种基于人性欲望、个性自由、富有商业智慧的簇新文化，正是因为深圳能够将所有深圳人的梦想作为深圳的理想、将所有深圳人的想象力凝聚为深圳的创造力，能够以创意为瑰宝，以实利为衡准，事事敢为天下先，深圳取得了令北京、上海、广州等老大城市不敢小觑的巨大成就。

三十年河东，四十年河西。深商由世界经济的追赶者，或将成为世界经济的引领者。失去追赶目标，可能会陷入迷茫。要把后发优势变成领先优势，就要深度参与国际竞争。把深商打造成国际化商帮，推动深商成为世界经济的新锐力量，制度与文化的对话就显得尤为重要了。依托商业力量、商业经验，启动社会创新、人文创新，用制度红利、文化红利的神奇魔力，像芝麻开门一样，打开深商的第三座金矿，收获绵延不绝的宝藏。这是大可期待和想象的事情。

2016年5月30日，全国科技创新大会上，任正非代表华为汇报发言。此时的华为，年销售收入已经达到608亿美元，比阿里巴巴、腾讯、百度BAT三巨头的年总营收之和还多。就是在这次大会上，任正非说，2020年华为的预期销售收入1,500亿美元，超越西班牙和韩国GDP，逼近澳大利亚。

就是在这样的巅峰时刻，任正非认识到华为正在本行业逐步攻入无人区，处在无人领航、无既定规则、无人跟随的困境。华为跟着人跑的“机会主义”高速度，会逐步慢下来，创立引导理论的责任已经到来。如果不能扛起重大的社会责任，坚持创新，迟早会被颠覆。

任正非直言不讳其迷茫，“华为现在的水平尚停留在工程数学、物理算法等工程科学的创新层面，尚未真正进入基础理论研究。随着逐步逼近香农定理、摩尔定律的极限，而对大流量、低时延的理论还未创造出来，华为已感到前途茫茫，找不到方向。华为已前进在迷航中。”

为了拨开迷雾，看清前进的路。华为的做法是加大科研投入。

至今，华为研发投入累计超过2,400亿元。如此高的投入水平，丝毫不亚于谷歌、苹果等世界科技巨头。虽然巨额的投入拉低了华为的短期利润水平，但是长远来看，积累了核心技术的华为，将在未来几年赢得长期投资的回报。

华为2015年研发投入92亿美元进行新技术和新产品的研发，占销售额的15%，已经超过苹果的85亿美元研发投入，占销售额3.5%。因此，从2015年开始，苹果开始向华为支付专利费，颠覆了普通国人的认知。按国家知识产权局的数据统计，2015年华为向苹果许可专利769件，而苹果向华为许可专利98件，这意味着华为已经开始向苹果收取专利费。

不仅在技术研发方面，基础研究、战略研究方面，华为也在加大投入。“人类社会的发展，都是走在基础科学进步的大道上的。而且基础科学的发展，是要耐得住寂寞的，板凳不仅仅要坐十年冷，有些人，一生寂寞。”华为有8万多研发人员，每年研发经费中，约20%—30%用于研究和创新，70%用于产品开发。

华为这些年逐步将能力中心建立到战略资源的聚集地区去。现在华为在世界建立了26个能力中心，并逐年在增多，聚集了一批世界级的优秀科学家，他们全流程地引导着公司。

任正非意识到，越是前途不确定，越需要创造，面对困难重重，机会、危险也重重，不进则退。要争夺这个机会，就要大规模地培养人才。

任正非预判未来二三十年人类社会将演变成智能社会，深度和广度还想象不到。智能社会不是以一般劳动力为中心的社会，没有文化不能驾驭。若这个时期同时出现大规模雇佣“智能机器人”，两极分化会更严重。这时，有可能西方制造业重回低成本，产业将转移回西方，中国将空心化。即使我们实现生产、服务过程智能化，需要的也是高级技师、专家、现代农民……因此，我们要争夺这个机会，就要大规模地培养人才。

今天的孩子，就是二三十年后冲锋的博士、硕士、专家、技师、技工、现代农民……代表社会为人类去做出贡献。因此，发展技术的唯一出路在教育，也只有教育。我们要更多关心农村老师与孩子。让老师成为最光荣的职业，成为优秀青年的向往，用最优秀的人去培养更优秀的人。

现在华为奋斗在一线的骨干，都是80后、90后，特别是在非洲，中东疫情、战乱地区，阿富汗、也门、叙利亚……80后、90后是有希望的一代。近期在美国招聘优秀的中国留学生，全部都要求去非洲，去艰苦地区。华为的口号是“先学会管理世界，再学会管理公司”。

华为过去是一个封闭的人才金字塔结构，现在已炸开金字塔尖，开放地吸取“宇宙”能量，加强与全世界科学家的对话与合作，支持同方向科学家的研究，积极地参加各种国际产业与标准组织、各种学术讨论。多与能人喝喝咖啡，从思想的火花中，感知发展方向，有了巨大势能的积累、释放，才有厚积薄发。

任正非介绍说，内部对不确定性的研究、验证，正实行多路径、多梯级的进攻，密集弹药，饱和攻击，蓝军也要实体化。并且，不以成败论英雄，从失败中提取成功的因子，总结，肯定，表扬，使探索持续不断。对未来的探索本来就没有“失败”这个名词，不完美的英雄，也是英雄。鼓舞人们不断地献身科学，不断地探索，使“失败”的人才、经验继续留在我们的队伍里，我们会更成熟，我们要理解歪瓜裂枣，允许黑天鹅在我们的咖啡杯中飞起来。创新本来就有可能成功，也有可能失败。我们也要敢于拥抱颠覆。蛋从外向内打破是煎蛋，从里面打破飞出来的是孔雀。现在的时代，科技进步太快，不确定性越来越多，我们也会从沉浸在产品开发的确定性工作中，加大对不确定性研究的投入，追赶时代的脚步。我们鼓励我们几十个能力中心的科学家、数万专家与工程师加强交流，思想碰撞，一杯咖啡吸收别人的火花与能量，把战略技术研讨会变成一个“罗马广场”，一个开放的科技讨论平台，让思想的火花燃成熊熊大火。公司要具有理想，就要具有在局部范围内抛弃利益计算的精神。重大创新是很难规划出来的。固守成规是最容易的选择，但也会失去大的机会。

我们不仅仅是以内生为主，外引也要更强。我们的俄罗斯数学家，他们更乐意做更长期、挑战很大的项目，与我们勤奋的中国人结合起来；日本科学家的精细，法国数学家的浪漫，意大利科学家的忘我工作，英国、比利时科学家领导世界的能力……

包容人、尊重人、释放人的想象力和创造力，以合乎人类理性的商业法则，充分释放人的潜能，这是近代西方工商业蓬勃发展、现代商业文明席卷全球的深层奥秘，也是深商走出迷茫、走向卓越的不二法门。

严重的内伤。”“一只白鹭从水田中惊起，飞越深圳，又猛然折了回来。”“唔！你说，福田村再过去就是水围；故国的泥土，伸手可及；但我抓回来的仍是一掌冷雾。”深圳河北
非每个深圳人都直接从商，但是“商人”的确占了这个城市最大多数的人口比例。这些商事主体以及这些个商人族群，我们称之为“深商”。当然，“深商”的内涵和外延也许还有
为、腾讯、金蝶等就是这样的企业。二是中央企业、外地企业、外资企业等来深圳发展，沾了深圳的地气、经了深圳的风雨、长了深圳的精神，样子很深圳，骨子里也深圳起来。这
烙印”。三是在深圳打过工、创过业、闯过海、厮混过日子，自觉不自觉地成了“深圳人”的人，他们离开深圳，到别处谋生、经营，开枝散叶，开创出各色各样的企业来，因为有
。当然这类企业承不承认自己是“深圳系”的、深圳承不承认它们是“深圳系”的、公众觉不觉得它们是“深圳系”的，都有些模棱，全凭诸君心领神会。诚如当年因特虎深商俱乐
也可以说是中国第一批现代商人。这样来历复杂的深圳商人，数量是如此之众、发展是如此之速、影响是如此之巨，不能不引起研究者的关注。关于深商的研究，最早始于街谈巷议
说，共140万字，把生猛海鲜似的深圳写得跟明清小说里的江南市井一般，当中就有不少“关于深圳和深商最有趣味的说辞”。尤其《野兰花》里主人公冶兰和林远回故乡，把深圳比
深海”，避免犯讳。为了大家好理解，下面的引述都改回“深圳”。其中说到在深圳闯荡的冶兰和林远回老家过年与好友团聚的情形，说起在深圳每月有两千元左右的收入，话音刚
越空虚，人与人之间除了金钱关系外，都很疏远，这是为什么呢？”冶兰端了杯子喝口酒，想了想道：“我也只能这样说了，人们原先都把我们中国比作是个沉睡了的狮子，我不妨
想法都没有了。就像现在许许多多的想出国的人一样，虽然有着一份能免饥的工资，仍想出国。就像狮子一样总觉得原始森林里好，原始森林要经过怎么样的艰苦奋斗才能觅到食物
有、什么都不曾有过的狮子，就什么都想得到，只要自己肯花力便可以吃到新鲜的活肉，远远超过笼子里喂的死骨腐肉。很快它就发现在森林子里还有豺狼虎豹，有竞争，血肉捕斗
深圳其实就是这么一个野生动物园，而且又是去了太多饥饿的狮子，太多的饥饿的豺狼虎豹。大家进了这个野生动物园里，面对花花世界，什么都不曾有过，所以什么都想占有，恨
戚朋友的血，他们后悔、痛苦，但不敢告诉任何人。没有人知道他的所为，当然更没有人理解他，同情他，他需要安慰，需要掩饰错误的借口。因为找不到借口，灵魂便不得安宁，
而笼子里的狮子，因昏睡着所以它们的灵魂并没有醒，自然不会感到太大的空虚了。不过，话说回来，深圳的建设成就还是有目共睹的。也许，随着经济的高速发展，深圳人要求精
好，说得好，高见，冶兰不愧是走过深圳这个大森林的人，你再给我们说说深圳的人际关系！”冶兰看着林远，实在是她不想说了。林远见状，只得接了口道：“人与人之间的关系
它们准点会有人喂食，更不用去提防外来的侵略和伤害，只要一心一意地发展它们的感情便可以了。但当它们回到森林后，饥饿便向它袭来，它不可能再一任你抱着我，我背着你了
切都不可能了。所谓君子之交淡如水了，都因是各自为业了。其实它并没有放弃别人的友情。再比如说，有一只猴子跌伤了腿，在动物园里的时候，别的猴子可以整天背着它，陪着
，他的腿能好吗？就是能好还要吃饭呢！所以哪个亲人朋友不到万不得已也不可能放弃自己的工作来的，因为这是他们的生命！我们不能把给钱当成是推卸责任，其实这是负起责任
，他没有理由要随随便便地给人，给钱是他内心深处表达感情和友谊的一种方式，也是最能帮助亲人朋友解决问题的一种最实际的方式了！”林远说着，蓦地想起自己怎么一开口就
入的思考。中国古代文明中到底有没有“商”的基因？曾经富甲天下的“晋商”“徽商”为什么没能成为中国社会的主流？当代“深商”与古代晋商、徽商，与近代粤商、沪商，有
”苦心经营的北洋舰队遇到军事实力并不如己的日本舰队竟然一败涂地？中国的近代化以惨败收场，中国的现代化命运又将如何？20世纪70年代末期源于深圳的改革开放实在是中国
斯密的《国富论》为英国工业革命探究国民财富的性质和原因，并因此被誉为“西方经济学圣经”。探究中国商人的“原富”却往往会变成追究中国商人的“原罪”。深商的财富也
成立之初开始，内地各省市各部委各单位在深圳都是赚钱的，而不是亏本的，投入少于产出，是深圳改革开放的受益者。有人说，国家虽然没有给深圳直接投入多少资金，但是通过
榨农民工的剩余价值得来的，但内地农民、工人、技术人才、知识分子、管理精英纷纷投奔深圳不是为了受“剥削”，而是为了赚大钱，深圳工资是内地收入的数倍，深圳是淘金之
商的“第一桶金”到底是从哪里来的呢？港商是深商的师傅，台商更是深商的师傅，那么深商这个徒弟是什么时候出师的？深商作为徒弟是什么时候开始超越师傅的？是什么标志着
城市的某些天赋到一个城市的商业基因，深圳的城市气质是如何变得跟上海不一样？深商的商业文化与近代上海十里洋场的商业文化相比有了什么样的变化？上海的重新崛起会遮掩
中原大地一样，来自深圳丛林的深商也在全球市场纵横驰骋，放马由缰。这是一时野性的风生水起，还是有着制度和文化支撑的商业生长？在人类商业史上，深商会留下什么样的精
耳边鹧鸪啼叫，声声扣人心弦，于是有了这篇《边界望乡》的诗句：“说着说着，我们就到了落马洲；雾正升起，我们在茫然中勒马四顾；手掌开始生汗；望远镜中扩大数十倍的乡
，伸手可及；但我抓回来的仍是一掌冷雾。”深圳河北岸的这块狭长土地，在当时诗人的眼里满是乡愁；在后来的创业者和冒险家眼里，却是流淌着奶和蜜的应许之地。深圳已有超
为“深商”。当然，“深商”的内涵和外延也许还有些出入，因为如下三类商事主体以及栖息其中的商人往往也被纳入深商族群：一是在深圳注册、在深圳经营，在深圳成长、壮大
了深圳的精神，样子很深圳，骨子里也深圳起来。这样的企业有如香港背景的蛇口招商局；央企背景的华侨城、赛格、中海；中兴早年是一家“内引外联”的企业，如今已经“很深
氤氲中的故国山河，耳边鹧鸪啼叫，声声扣人心弦，于是有了这篇《边界望乡》的诗句：“说着说着，我们就到了落马洲；雾正升起，我们在茫然中勒马四顾；手掌开始生汗；望远
是水围；故国的泥土，伸手可及；但我抓回来的仍是一掌冷雾。”深圳河北岸的这块狭长土地，在当时诗人的眼里满是乡愁；在后来的创业者和冒险家眼里，却是流淌着奶和蜜的应
商人族群，我们称之为“深商”。当然，“深商”的内涵和外延也许还有些出入，因为如下三类商事主体以及栖息其中的商人往往也被纳入深商族群：一是在深圳注册、在深圳经营
了深圳的风雨、长了深圳的精神，样子很深圳，骨子里也深圳起来。这样的企业有如香港背景的蛇口招商局；央企背景的华侨城、赛格、中海；中兴早年是一家“内引外联”的企业
圳，到别处谋生、经营，开枝散叶，开创出各色各样的企业来，因为有了“深圳的染色体”，这样的企业也是很“深派”的。例子太多，不胜枚举。媒体爆炒过的，一是在深圳大学
圳系”的，都有些模棱，全凭诸君心领神会。诚如当年因特虎深商俱乐部的真情告白：深圳是改革开放以来最早以“商”立市的大陆城市。深圳人是改革开放以来最先被卷进现代商
之巨，不能不引起研究者的关注。关于深商的研究，最早始于街谈巷议，而将这些民间议论和民间智慧总结归纳得最好、最生动的其实首推文学。1995年，来自江苏常州的女作家文
趣味的说辞”。尤其《野兰花》里主人公冶兰和林远回故乡，把深圳比作野生动物园，把深圳人，也可以说就是深商这样的深圳拓荒者，比作自生自灭、自我求存的野生动物；说赚
过年与好友团聚的情形，说起在深圳每月有两千元左右的收入，话音刚落，“整张台子马上一片静寂”，许久才有一个声音道：“每月两千元啊？是我们的七倍呀，乖乖！”于是就
只能这样说了，人们原先都把我们中国比作是个沉睡了的狮子，我不妨说中国的人似关在笼子里的昏睡了的狮子吧。它本性很凶猛，也很贪婪，但多少年的囚笼生活，已经改变了它
总觉得原始森林里好，原始森林要经过怎么样的艰苦奋斗才能觅到食物，它已经忘了，原始森林里有饥寒交迫饿死冻死，它想不起来了，只是想出去，经过极大的努力，终于出去了
死骨腐肉。很快它就发现在森林子里还有豺狼虎豹，有竞争，血肉捕斗才能抢到鲜美的山兔。它还发现如果更加努力，还能捕到天上飞翔的天鹅；谁都想吃天鹅肉，而天鹅又是那么
生动物园里，面对花花世界，什么都不曾有过，所以什么都想占有，恨不能一下子全部占有，迫不及待地加入搏斗，为着这永无止境的欲望，浴血奋战，不惜牺牲任何人，甚至亲戚
需要安慰，需要掩饰错误的借口。因为找不到借口，灵魂便不得安宁，人显得十分空虚，有的甚至加入更残酷更激烈的战争来麻醉自己，也有的回味起牢笼里安静的日子，极少的也
建设成就还是有目共睹的。也许，随着经济的高速发展，深圳人要求精神的东西会更多，精神文明也就会比内地好些。”这席话说得林远都瞪大了细长的眼睛，他很难想象这是冶兰
，实在是她不想说了。林远见状，只得接了口道：“人与人之间的关系好的方面，不外是亲戚关系，和朋友关系。人与人之间的关系，我就不妨比说是两只猴子，在动物园里的时候
回到森林后，饥饿便向它袭来，它不可能再一任你抱着我，我背着你了，它要为一口之餐而劳碌，更要为防备豺狼虎豹的侵犯而斗争，已经没有人管束它，更没有人保护它了，它
一只猴子跌伤了腿，在动物园里的时候，别的猴子可以整天背着它，陪着它，但在深圳那个地方就行不通了。它不可能为了腿好而饿死一大群人，腿伤了还是要吃饭，要医疗，需要
为这是他们的生命！我们不能把给钱当成是推卸责任，其实这是负起责任呢！我们再试想为什么要给钱，难道不给钱责任就推卸不了吗？不是的，而是他确实地负起了责任！你们又
决问题的一种最实际的方式了！”林远说着，蓦地想起自己怎么一开口就讲了这么多，人家以为他出了几天门就卖弄起来了，忙截住了话头道：“我瞎说的你们别给当真的，我们还
国社会的主流？当代“深商”与古代晋商、徽商，与近代粤商、沪商，有什么本质上的不同？三千年来，强悍的北方民族为何屡犯中原而不能治，最后占领者反而被被占领者所融合
现代化命运又将如何？20世纪70年代末期源于深圳的改革开放实在是中国近代以来梅开二度的重放，历史曾经把中国近代化的机遇赐给被动开放通商的上海，却把中国现代化的机遇
国商人的“原富”却往往会变成追究中国商人的“原罪”。深商的财富也曾经屡屡被追问。有人说，深圳之富是国家投资的结果，但中国改革开放总设计师邓小平早就说过：中央没
放的受益者。有人说，国家虽然没有给深圳直接投入多少资金，但是通过免税等政策转移了国库收入，深圳一开始就作为出口加工区，进口是为了出口，进口技术原材料机器设备生
“剥削”，而是为了赚大钱，深圳工资是内地收入的数倍，深圳是淘金之城，不是苦难之地。深圳之富，不是天上掉下来的，也不是国际资本“施舍”来的。深圳的繁荣不是来自对
么时候出师的？深商作为徒弟是什么时候开始超越师傅的？是什么标志着深商的“成人礼”？深商由此获得了什么样的商业特质、商业禀赋和商业精神？深商有什么样的产业优势，
上海十里洋场的商业文化相比有了什么样的变化？上海的重新崛起会遮掩掉深圳和香港的光芒吗？就像近代上海一扫昔日广州的辉煌？在全球经济版图中，深圳处于什么样的位置？
着制度和文化支撑的商业生长？在人类商业史上，深商会留下什么样的精神财富？面对不确定的未来，深商又将如何成长为一股真正引领风骚的商业力量？1979年3月16日，背井离
正升起，我们在茫然中勒马四顾，手掌开始生汗，望远镜中扩大数十倍的乡愁，乱如风中的散发，当距离调整到令人心跳的程度，一座远山迎面飞来，把我撞成了严重的内伤。”

相关附录

商人眼光看湾区：深圳已有七张好牌（节选）

——深圳民间智库深度长文重磅解读“粤港澳大湾区”

粤港澳大湾区的创新支点：大前海

研发是虚，应用是实。

上一节我们先说了虚的，说了落马洲的定位和规划，因为这是深圳最缺的，必须从战略上补齐，否则深圳就没有未来。

但是深圳的实力、深圳的实绩，是一步一步实干出来的。每一步都很踏实，都很坚实，这才有深圳今天屹立不倒的江湖地位。

大致说来，深圳的第一步，是发展“三来一补”初级加工业：用深圳的廉价土地、内地的廉价劳动力，与香港的资金、技术、市场、管理经验相结合，赚取土地红利和人口红利，这中间的利润空间之大，超乎人们的想象，我在《深商简史》一书中，有翔实的分析。我们今天的城市规模、城市人气、城市地位，就是靠第一代深商原始积累下来的。这种原始积累，一点都不阴暗，反而十分光荣。这个阶段的工贸经济，是从蛇口和罗湖发端，由点到面，不断弥漫，成就了“蛇口精神”和国贸大厦“深圳速度”的城市传奇。

深圳的第二步，是以电子技术升级制造业：上步工业区成建制地引进电子工业，形成了强大的电子产业配套。深圳电子产业基础之扎实，产业链之坚实，产品迭代更新能力及市场辐射能力之强大，一举实现对香港制造业的反超。深圳早期所谓的高新技术产业，都是IT技术的衍生和应用，可以说第二代深商吃的全是IT业的饭，挖的全是信息革命的角，谁都撇不清与华强北这个“寨子”的关系。华强北正是这个时期群星灿烂的大舞台。

深圳的第三步，是真正具有自主知识产权的高新技术产业的崛起。无论是逐渐脱离山寨的腾讯，还是一直强调自主开发的华为，自主知识产权开始成为深商的核心资产。无论是基于IT技术，还是基于新材料、新能源、新生命科学，第三代科创类深商几乎都是先有技术专长、技术专利，然后才开设公司，融资发展。从混杂的华强北，到民营的天安数码城，再到深圳官方扶持的南山科技园，科创类企业、科创企业服务体系，逐渐在南山聚合，南山最终成为深圳今天的科创高地。

下一步怎么走?

像华为、腾讯这样具有集成研发能力的巨无霸企业毕竟是少数。靠某一项或某几项技术突破创新，并且迅速实现公司化、商业化发展，这样的创业案例在深圳曾经很普遍，但今后越来越不是主流。深圳的持续创新能力，不能再依靠企业创始人单枪匹马的战斗。2016年5月30日，全国科技创新大会，任正非代表华为汇报发言，说华为已经攻入无人区，处在无人领航、无既定规则、无人跟随的迷茫境地。这表明中国跟随型创新发展的道路已经走到转折点，需要形成领先创新体系。这不是单个企业可以独立完成的，即使是像华为这样的大企业也做不到。

任正非的解决方案是什么呢?归结起来两条：一是全世界挖人，挖当今世界现有的高人；二是培养人，从基础教育开始，培养未来社会需要的人。

到这里，大家总该明白我们为什么说香港很重要、落马洲定位为

"人才教育特区"很重要了吧？

有了人，有了创意，有了实验室里的创新成果，接下来就看商业应用了，深圳前海的深港现代服务业合作区就是这样应运而生的。

集成研发，集成商用，这可能就是深圳发展第四阶段的特点。深港合作，在落马洲河套地区做研发集成，集成全球创意、创新成果；深港合作，在深圳前海地区做商用集成，并以前海为轴心引擎，擎动深港融合，带动其他城市和制造环节、物流环节等产业链。这可能就是深圳未来产业布局的大轮廓。

有人津津乐道于前海深港青年创业梦工场，在我看来这只是前海建设初期吸引人气的取巧之法。普通人创业，去哪里不成？非得去寸土寸金的前海？全民创业时代，分什么青年、中年、老年？前海以全新的理念、超前的设计、时尚的空间、符合国际潮流的服务等等，吸引锐意进取的青年才俊到前海聚集，这只是起步。

因此，前海的目标，不止于网罗新锐，更在于整合高端。从深港、从粤港澳湾区、从全国乃至全世界整合优秀创意、优秀创新成果，给予最强大的金融财务支持、人才团队支持、商业运营支持、法律人文支持，让这些创意和创新成果形成强势的产品、强势的产业，辐射全球，这才是位于黄金地段的前海应该做的事。换句话说，将来从落马洲遴选出来的创新项目，能够在前海迅速商业化，形成强大的产出能力。这才不辜负"左手落马洲，右手大前海"的深圳未来战略格局。

前海的定位不同于后海。后海是高尚生活区，后海有个深圳湾1号，因为满足了成功企业家对于理想家园的需求，意外地大获成功。前海的定位为高端商务区，高端金融、高端物流，归根结蒂是高端人才。后海开发商云集，招商地产、保利地产、万科、金地集团、卓越、华润都来了，阿里巴巴、顺丰、嘉里、三星也竞相投资，最能满足高端商务想象的代表性开发项目似乎是世茂的前海中心。世茂从上海滨江起步，一直以高端开发著称。世茂前海中心以世界第六、前海第二的旋转艺术地标的定位，提升了深圳城市建筑的艺术标准，点亮了前海商务的物理空间。超级前海，需要超级眼光、超级规划、超级设计、超级建筑、超级开发、超级运营，这样，超级人才和超级商家，才会趋之若鹜，并且安心于此，长袖善舞，长远经营。

深圳崛起于草莽。高端建筑、高端商务、高端文化、高端人才的缺失一直是深圳的痛点。草根创业首选深圳，创业成功以后深圳却缺少容纳这些成功企业、留住这些成功人士的高端商务环境和高尚生活环境。对标上海的浦东，对标纽约的曼哈顿，对标伦敦的金丝雀，将深圳创业推向高阶，将深圳营商环境推向高端，这应该成为前海的使命。从这个意义上说，世茂前海中心是深圳商务商办未来趋势的代表。

深商的核心竞争力：深圳版的“李约瑟之谜”

2017年12月26日，一年一度的“中国深商大会”又将召开。面对中国的又一个新时代，一方面，是深商走出深圳、走向世界的万丈豪情；另一方面，是深圳学者宋丁、深圳民间智囊金心异，怒怼广州规划所引发的千转百回。

如前所述，粤港澳大湾区的牌局虽然波诡云谲，但是条分缕析之后，就可发现深圳胜算甚多。

财气不就是人气嘛。“来了就是深圳人”，内地移民首选深圳，这是深圳笑傲中国其他一线城市的王牌。惠州、梅州、河源等地的客家人不把深圳当外地；潮汕人住在深圳比住在汕头还自在；中山依偎深圳，广府人也欢迎深圳。广东三大民系给深圳投出的三张信任票，也是三张好牌，面对这三张牌，广州真应该好好考虑一下如何给“新广州人”一个更加包容的说法。香港人终于醒神，大声要求与深圳、东莞合力打造“世界新硅谷”。香港主流社会给深圳投出的这一票是大大的好牌，来之不易啊。

深圳自己手里，已经握着两张好牌。2017年1月3日，深港就深圳河套落马洲地区合作开发科创园达成协议，理念很好，架构也很好，更好的是终于行动起来了，看来香港回归磨合期终告结束，深港开始踏踏实实好好过日子了。另一张好牌就是前海、蛇口自贸区。打了8年的基础，经过3年的扩容，马上又迎来深中通道的建成，前海离比肩纽伦港的世界级商务中心的目标越来越近了。

在这些大赢面的背后，什么才是深商最最重要的立足之本、最最核心的竞争力呢？这才是大大小小的深商最关心，也最值得中国深商大会深入讨论的话题。

5年前，王石初任深商总会主席，在就职典礼上带头反躬自问：深商是谁？从哪里来？到哪里去？深商真正的核心竞争力是什么？某种角度上说，这就是《深商简史》要探讨的全部话题。

深商一路走来，既在创造商业财富，也在锤炼商业精神。“深商之父”袁庚在蛇口开辟的深商事业，令到沉寂多年的洋务运动的情怀重新复苏。百年招商，枯树再发新枝，中国人对接近代商业文明的努力失败了，中国人对接现代商业文明的努力又开始了。这就是教父级深商领袖的历史功绩。

迄今尚未退休、几乎是白手起家的老一代深商如华为任正非，从贸易起步，切入一片混沌的通信制造行业，用小米加步枪、农村包围城市的“土狼”战法，突破国际大鳄的围剿，并成功反超，雄踞全球行业的龙头。筚路蓝缕，胼手胝足，从深圳丛林中杀出的华为兵团，像成吉思汗的铁骑一样横扫世界市场，令国际对手内心恐惧。这正是中国商业新势力崛起的榜样。

70后帅哥马化腾，如今已被视为“中一代”深商的代表了。是深圳成就了马化腾的互联网帝国，还是马化腾的QQ和微信成就了深圳这个

“中国最互联网城市”，已经不重要了。重要的是，互联互通精神成了深圳这座城市的商业基因和文化基因，深商跟历史上的晋商、徽商，甚至于同时代的港商、台商，都变得完全不同。

再到新生代的深商，如大疆汪滔、光启刘若鹏、柔宇刘自鸿，都是清一色的80后，都是响当当的深商风云人物。他们到底如何定义？他们的未来到底有多少种可能？

短短40年，深商的迭代进化，速度越来越快，变化越来越多，完全不是直线演进，而是曲线突变，出人不意。就像奔驰、宝马的新前脸，又像世茂前海中心45°扭转的外观，柔性的曲面，悄悄地取代了刚硬的板线。

简单粗暴的概括肯定不可行，藏在背后的逻辑一定是存在的。深圳精神、深商精神，简而言之，是创新、是敢为天下先，但是深商为什么总能引领创新潮流，屹立创新潮头？这也许要跳出深圳、跳出深商，以大历史的纵深，从世界文明的大视角，才能看得更清楚、更深刻。

去年深商组团去剑桥游学，我最感兴趣的活动之一就是走访剑桥大学李约瑟研究所。我想知道“李约瑟之谜”“李约瑟难题”有没有最新的解答。

英国学者李约瑟在其编著的15卷《中国科学技术史》中正式提出过一个问题：“尽管中国古代对人类科技发展做出了很多重要贡献，但为什么科学和工业革命没有在近代的中国发生？”后来，美国经济学家肯尼思·博尔丁称之为李约瑟难题，又称“李约瑟之谜”。

今年10月，李约瑟研究所的梅所长到深圳南方科技大学参加会议。我们再次相约，求解“深圳版的李约瑟之谜”：深圳没有像样的科技类大学、深圳缺少从容进行科学研究的庇护所，深圳的高新科技产业为什么会“异军突起”？这种突然而然的崛起有没有持续持久的可能？又会不会忽焉而兴忽焉而亡地戛然而止？

我很希望深圳有抱负的企业或机构来资助这项研究，一则弄清深圳科创经济的机理，这是功莫大焉的事；一则在世界级的话题层面，把这个谜一样的“深圳故事”讲好，讲精彩。《深商简史》当然会做探讨，我们私下的茶聊当然也会有一些心得体会，但是这些都代替不了严肃、认真、科学、系统的研究。

老亨

2017年12月7日星期四

于第十届深商风云人物、第八届深商老字号评审会后

深圳一直是个意外

老亨

“蛇口之父”遗憾什么？

先有蛇口，后有深圳。

1979年1月31日，刚刚过完春节，时任交通部副部长彭德清和袁庚一起来到李先念副主席的办公室。袁庚汇报了招商局的发展史和招商局在蛇口设立工业区的设想。他拿出地图，请李先念看：“我们想请中央大力支持，在宝安县的蛇口划出一块地段，作为招商局的工业区用地。”

据说李先念仔细看了地图后接过袁庚递过来的一支笔，在地图上一划：“就给你这个半岛吧。”

袁庚一看，很大一块地方，足有30多平方公里的地块，他惊呆了，大概算了下，这得多少开发资金啊！袁庚没敢要这块30平方公里的地块，只敢要2.14平方公里、开发用地约300亩的区域。

就是这2.14平方公里的蛇口成了中国当代商业革命的圣地。

时任香港招商局常务副董事长的袁庚，最初也仅仅是为了解决招商局自身发展问题才想到要在一水之隔的蛇口获得一片不大的、相对便宜的工业用地而已。他遵循商业常识运作，却促成了一轮又一轮影响至深至远的商业启蒙。蛇口，成了深商最早的“黄埔军校”，袁庚也成了第一位名副其实的“深商教父”。这一切，都是始料不及的，即便对于当事人来说，也是如此。

有人曾经批评袁庚：在李先念给他整个南头半岛这件事上，袁庚犯了一个不可饶恕的错误。后来袁庚自己也将这件事作为他蛇口事业中的三大遗憾之一。他对媒体解释：“我怎么敢要整个南头半岛呢？我要这么一小块蛇口，也是蛮大的一块地了。国家能够给予一个企业这么大的自主权，作为一个领头人，我要负很大责任的。这不是想不想要的问题，而是敢不敢要的问题，我没有那么大的胆量。”

连袁庚都是这么说，还有谁敢说自己一开始就对深圳的未来早有先见之明？

“深南大道”有多大？

如果说，蛇口开发，尚属企业行为，那么深圳建市，就是国家意志了。

看一个城市的理想，就去看她的规划，最能体现当时深圳人远大理想的莫过于“深南大道”了。

1981年2月20日，梁湘走马上任，担任深圳市委书记兼市长。他很快显示出与前任的极大不同：将深圳作为一个综合性的城市来开发运营，而不仅仅是一个出口加工区。正在施工贯穿深圳东西的深南大道，便成为梁湘实现城市梦想的主线。

1983年夏，梁湘率队到新加坡考察，回深圳后，决定在深南大道两侧各留出30米的绿化带，并在大道中间设置宽达16米的绿化带，以备修建地铁。当时设想从地表开挖的方式修建地铁，16米正是开挖放坡所需要的宽度。

自1980年到1993年，30公里长的深南大道，用了13年时间才全线贯通。对于这座城市的理想主义者来说，这的确是漫长的。

当设计部门提出深南大道路面要修50米宽时，激起了巨大反弹，可谓石破天惊。因为在当时50米的路宽在其他大城市都是难以想象的，“小小的深圳，有多少车啊？修来是资源浪费嘛”。怀疑、非议之声不绝于耳。但是主张深圳要“大规划、大建设、大发展”的“莽汉”梁湘在考察国外城市规划后力排众议，不但守住了50米，最终还更“大胆”地在总体规划里把深南路的宽度敲定在60米。

深南大道作为与长安街、南京路媲美的城市标志性大道，见证的不仅仅是中国市场经济的倔强生长，更是中国社会机理的深刻变革。

罗马不是一天建成的，深圳也不是。谁能在深圳建市之初就能一眼望尽深南大道的尽头？

深圳东海岸有多远？

深圳更东部的大亚湾，因为其偏远，成为中国大陆第一座大型商用核电站的选址。

深圳的西海岸是内向的，熟稳的。蛇口的精神，蛇口的理想，也是经典的，没有超出20世纪中国政治菁英、社会菁英、工商菁英的经验范畴。这就是在20世纪80年代竟然会有那么多的中国内陆的人们理解蛇口、追随蛇口的原因。所以，深圳的西海岸，没有真正的意外。

东海岸则不然。

东海岸是陌生的。即便是来深多年的“老深圳”，也未必熟悉深圳的东海岸。

深圳人对深圳东海岸的了解大多止于梅沙、南澳、大亚湾。东海岸超越了传统的蓝色工商文明的意义。东海岸予人最深的印象不是工商层面的，而是生活层面的。山海跟田园一样，是可以成为人们的家园的。盐田港没有知名的、活色生香的海员俱乐部，这就缺了点什么。深圳如果仅仅是一个淘金港，而不是一代深商的理想家园，那深圳最终也就没有什么城市价值。

香港人把房子建到山顶，南洋商人把鼓浪屿这个荒岛建成琴岛，设若深圳人也想在中国最美的东海岸筑家栖息，他们首先就得面对与核电站为邻的事实，谁叫那时的东海岸在主事人的眼里是遥不可及的边远呢？

“特区”特不特？

特区的政策自然不可能采取计划经济形态的政策，不能变成计划经济体制的延伸与变种。特区的“特”的实质就在于此。只要中国的计划经济体制还未彻底根除，则特区的“特”仍有必要坚持下去，至于什么时候、什么情况下具有什么样的“特”的具体政策，那只是技术问题，需要随时加以检讨与修正。如果中国不用特殊与优惠政策就难以引进外资，那么，优惠政策就是必不可少的。如果中国有朝一日不再需要人为地引进外资，那么，优惠政策当然就需要取消了。应明白的是：给予特区的优惠政策并不是给予特区本身的，而实际上是给予外资的，目的是吸引外资。如果人们认为特区拥有特殊政策是一种不公平，那么这是否意味着要将特区拉回到与众人一样的计划经济状态呢？也许人们认为，我受到计划经济的约束，那你深圳也应该受这样的约束，如果你深圳不受约束，那我上海与其他地方，也应该不受约束，也应该“特”。要“特”统统特，不能你特我不特。决策者当然希望以后全中国都可以开放，都可以“特”（尽管这种普遍的“特”实际上就不再是特了），因为这意味着计划经济已经总体上被铲除了。但此事并不是一下子可以完全办到，一二十年内不可能完成经济体制的完全转型。因此，特区仍然存“特”着，还不能让特区不再特。

深圳+香港，失去想象力了吗？

香港，是深圳的开始，也将伴随着深圳的未来。

当年开发蛇口的，是香港招商局。

当年深圳设为经济特区，是因为濒临香港。

深圳被看好，因为香港。

深圳被看衰，也因为香港。

深圳有无远大前程？还是要看看香港。

关于香港，早年间有两本脍炙人口的小说，《大班》和《望族》，前者关于香港开埠，后者关于香港商行。如果再看看美国人乔·史塔威尔的《亚洲教父》，通俗意义上“香港故事”就差不多尽收眼底了。

香港的前途不是单挑，而是双打！

诚如《望族》所言，香港是大陆亚洲和海洋亚洲的黄金分割点。港英时代的香港已经打开了面向海洋亚洲的扇面，改革开放以来，深圳代表珠三角协同香港已经打开了面向大陆亚洲的另一扇面。“深圳+香港”，可以成为中华文明与其他东方文明，以及东方文明与西方文明之间的最大公约数。

深圳，已经能够聚集中国内地最有想法的年轻人前来创业，对海外华裔技术精英也有了一定的吸引力，但是其国际化才刚刚开始。香港人很快就会在中西文化的反复碰撞中重新找到自己的准确定位；中国内地也会很快发现：一个彻底内地化的香港对于正在全球化的大中华不仅将毫无帮助，还可能是越来越扛不动的沉重包袱；相反，一个能够在中西文明间长袖善舞的香港才是弥足珍贵的。

愿我们的想象力，不输于早期的香港大班们。

《深圳青年》，2017年10月

深商联大事记

1. 2005年12月28日，深圳市商业联合会(简称深商联)正式成立，从此高举深商大旗，开辟社会组织发展新途径，书写了社会组织发展新篇章。

2. 2006年4月10日，首届深商高峰论坛隆重举行，邀请各行业领军人物暨港商、台商、浙商等商帮风云人物参加，深商联开始打起“深商”大旗，树立“深商”形象，打造“深商”品牌。

3. 2006年12月15日，首届深商风云人物评选隆重揭晓，评出了袁庚、王石等优秀深商人物。截至目前，深商风云人物评选举办了十届，评出105位“深商风云人物”和13位影响中国的深商领袖。

4. 2007年8月18日，深商联等多家机构联合承办“中国国际零售商金融与商业地产高峰论坛”，就中国零售业的现状和发展趋势等议题深入探讨。

5. 2007年12月1日，深商联执行承办由国家外国专家局和深圳市政府主办的国际人才高峰论坛，1,200多名专家、学者、企业负责人到会。截至目前，深商联连续10年承办该论坛，其名称也从国际人才高峰论坛到深圳论坛，再到目前的全球才智论坛。

6. 2008年10月15日，为纪念深圳特区成立30周年，深商联等多家机构联合主办的“改革开放30年影响深圳30个经济人物”评选揭晓，袁庚等30位优秀企业家获评。

7. 2009年8月4日，深商联在全市223家行业协会中脱颖而出，荣获深圳首批5A级行业协会商会称号。2015年，深商联再次以高分荣获该荣誉。

8. 2010年12月28日，首届“深圳老字号”颁奖典礼举行。“深圳老字号”评选由深商联、深圳商报社和深圳广电集团联合主办，截至目前，已经举办8届评选，评出了170家老字号企业。

9. 2011年3月19日，深商联等社会组织参与“迎大运，创文明，社会组织在行动”启动仪式，7,000多人在梧桐山参加深商名企梧桐登高迎大运活动。在活动期间，深商联先后组织了运动、环保、人文、健康等4大类19项系列迎大运活动，展示了深商名企良好形象和精神风貌。

10. 2011年12月28日，深商联召开第三次会员代表大会，选举原人大常务副主任庄礼祥为新一届会长，选举庞大同为执行会长，并举行了庄严的会旗交接仪式。

11. 2012年2月19日，深圳市深商联合会揭牌仪式举行，标志着

“深商”的发展进入了一个新的时期，标志着“深商”的品牌建设进入了一个新的阶段。2015年12月，深商联合会正式更名为深商总会。

12. 2012年2月19日，深商联举办以“火星与金星的对话——成功VS成就”为主题的高端论坛，是深商、京商两大商帮的首次跨界集结，也是中国商界的一大盛事。

13. 2012年4月20日，首期“深商黄埔军校”走进农产品集团，开启了以“大手拉小手”为理念的深商联金牌服务项目。截至目前，深商联已经举办了19期“深商黄埔军校”活动，组织了近2,000位企业家先后走进万科、金蝶、华大基因、华为等深圳大企业。

14. 2012年7月12日—14日，深商联执行承办首届中国公益慈善项目交流展示会。承担了“儿童闲置用品置换活动”“中国企业社会责任与商业文化高峰”及部分会务接待工作。随后两年，深商联连续承办该项目，并不断创新形式、丰富内容、提升实效。

15. 2013年11月18日，深商联与西雅图签订合作备忘录，开启深商联国际化进程。截至目前，深商联多次组织企业家赴海外考察，包括美国西雅图、意大利米兰、法国巴黎、英国、摩洛哥、以色列、美国华盛顿等，为开拓企业家国际视野，迈开步伐走出国门作了积极的努力。

16. 2013年12月17日，深圳市中小企业公共服务平台揭牌仪式举行，副市长陈彪等领导出席。平台由深商联承建，从此承载着为全市中小企业提供服务的重任。

17. 2013年12月26日，万科集团董事会主席王石出席深商迎春大会，宣布担任深圳市深商会（深商总会）理事会主席，并现场进行就职演说。同时，正威集团董事局主席王文银担任深商联理事会主席。两位深商大佬的任职，宣布了深商联企业家自治办会迈出坚实的步伐。

18. 2014年6月9日，中央政治局委员、广东省委书记胡春华在深圳亲临深圳市商业联合会调研，并到深圳市中小企业公共服务平台参观考察。

19. 2014年6月24日，深商联又一金牌活动项目深商新经济领袖大讲堂在北大汇丰举行，首期推出王石“底线与荣誉”主题演讲，5,000人挤爆现场。随后两期，先后由前海管理局张备、华星光电薄连明分别主讲。

20. 2014年8月15日，深商联举办以“我们的三十年”为主题的深商夜话。深圳市老领导厉有为、郑良玉，深商会、深商联会长庄礼祥，以及深商会理事会主席、万科集团董事会主席王石等近30位深商企业家汇聚一堂，一起回首特区创业史，共叙深商中国梦。

21. 2014年10月19日，由深商联重磅打造的《深商口述史》盛装起航，通过倾听投身深圳建设的创业者的故事，用影像及文字真实完整地记录其心路历程并永久保存，旨在抢救挖掘深商发展史，解码深圳基因，传承深商精神。口述史先后采访了12位优秀深商。

22. 2014年10月30日，德勤中国、深商联联合主办的“2014德勤深圳高科技高成长20强”颁奖典礼举行。截至目前，已经举办了4届评选活动，评出了80家高科技高成长企业，其中包括多家上市公司。

23. 2014年12月30日，原中共广东省委常委、深圳市委书记王荣等领导出席深商联2015深商迎春大会。

24. 2014年，美国高盛资助，深商联组织实施深圳“巾帼圆梦”项目。44位女性企业家，获得由高盛集团资助每人7万元，在清华经管学院为期4个月的学习机会。

25. 2015年4月15日，首期“会长喊你回家”活动倾情启动。活动邀请深商家人回家团聚，分享智慧心得、纵横天下大事、小酌尽抒别情。截至目前，会长喊你回家举办了10期。

26. 2015年6月18日，深商档案馆揭开了面纱。深商档案馆是王石提议建立的。旨在对深商最具代表的企业家进行历史记录，特别要对深圳第一代企业家进行抢救性记录。

27. 2015年6月18日，深商联承办第三届深圳国际低碳城论坛·低碳产业论坛。万科王石、美国高智爱德华·荣格等国内外著名企业家、专家学者呈现了一场关于低碳的智慧盛宴。

28. 2015年6月18日，深商赛艇队正式成立，原万科集团董事会主席王石担任名誉主席，金蝶集团董事长徐少春担任导师，深商会董、世联地产董事长陈劲松担任主席。

29. 2015年10月26日，深商联携手深圳晚报社启动《深商史记》

采访工作。《深商史记》通过影像及文字，真实完整地记录深商的心路历程，为读者、观众呈献深商的人生故事和创业历程，展示深商智慧和境界，并永久保存。

30. 2015年12月28—29日，首届中国深商大会在深圳保利剧院举行。中国深商大会是一年一度规模最大、规格最高、影响最广的深商精英盛会，是深圳企业家引领中国企业家现代化转型的重要战略平台，并已成为中国乃至全球商业思想的策源地之一。新华社撰文指出“深商是一个勇于拼搏和奋斗的群体，不靠关系靠本事，敢于创新和追求梦想。一年一度召开的深商大会，是深圳企业家的盛事。‘深商’，已成为一个特有名词”。中国深商大会至今已举办两届。王石、马化腾、王文银、冯仑、姚明等国内知名企业家、业界人士先后出席。

31. 2016年7月14—16日，由工业和信息化部、深圳市人民政府联合主办，深商总会等机构协办的第九届APEC中小企业技术交流暨展览会在深圳会展中心开幕。国家工业和信息化部副部长冯飞等领导出席，来自21个APEC成员经济体在这里进行为期三天的展示展览与合作交流。

32. 2016年9月13日，深商菁英会在五洲宾馆举行授牌仪式，深商总会理事会主席王石为深商菁英会授牌。“深商菁英会”由前海置富金融控股集团董事局主席马少福出任菁英会主席。大中华、康达尔、中意、方大、朗迈等12位年轻的执委，为深商可持续发展作出贡献。

33. 2016年11月20日，为回馈会员企业的支持，深商联组织会员企业代表700名深商家人登上赞礼号豪华大邮轮，进行为期4天3晚的海上奢华之旅。这是该机构史上最大规模的出海之旅。深商家人在海上一边观日出、赏月景、听海浪声，一边学习分享，互动交流。截至目前，深商联举办了4次邮轮活动。

34. 2016年12月19日，深商投融资产业联盟举行授牌仪式，这是深商生命健康联盟、深商专利联盟等十大联盟之后的又一家由企业家发起的行业联盟，它将助力深商，打造成国内最强最大的基金。

35. 2016年12月19日，深商总会联合党委授牌仪式举行，深圳市社会组织党委书记、深圳市社会组织管理局局长凌冲宣读关于成立中共深圳市深商总会联合委员会成立的批复。联合党委的成立进一步加强了党的领导，充分发挥党组织的政治核心、战斗堡垒和党员的先锋模范作用。

36. 2017年4月18日，马蔚华、王文银等16位影响中国的深商领袖走进“全球领先企业500强”——中国平安，与马明哲董事长一起畅谈平安梦、深商梦、中国梦，一起探讨深商未来，分享最强大脑智慧碰撞。

37. 2017年7月3日，为帮助深商企业家深入了解滨海宝安区优惠政策，与宝安区委区政府主要领导交流探寻合作商机，推动产业对接与落户，进一步推动深圳经济的发展，深商总会、深商联共同举办了百名深商走进滨海宝安活动，与时任宝安区委书记黄敏、区长姚任等4套班子领导进行了沟通交流，并举行了深商大厦冠名和深商联进驻签约仪式。

历届影响中国的深商领袖

改革开放30年影响深圳30个经济人物（2008年）

袁　庚　原蛇口工业区　常务副董事长

王世桢　招商银行股份有限公司　前行长

王　之　深圳长城开发科技股份有限公司　前董事长兼总裁

王殿甫　创维数码控股有限公司　前董事局主席

傅育宁　香港招商局集团有限公司　总裁

任克雷　华侨城集团公司　董事长兼总裁

马蔚华　招商银行股份有限公司　行长

马明哲　中国平安保险（集团）股份有限公司　董事长

任正非　华为技术有限公司　总裁

侯为贵　中兴通讯股份有限公司　董事长

王　石　万科企业股份有限公司　董事会主席

张思民　深圳海王集团股份有限公司　董事长

包德元　深圳燃气集团　董事长

麦伯良　中国国际海运集装箱（集团）股份有限公司　总裁

叶旭全　深圳金威啤酒有限公司　董事局主席

王传福　比亚迪股份有限公司　董事长兼总裁

于　剑　深圳水务集团　董事长

马化腾　腾讯计算机系统有限公司　董事长
李南峰　深国投有限公司　董事长
郭台铭　鸿富锦（深圳）精密工业公司（富士康）　董事长
黄茂如　深圳茂业商厦公司　董事长
何　如　国信证券股份有限公司　董事长
熊建明　方大集团股份有限公司　董事长、总裁
郭小慧　深圳外商投资企业协会　常务副会长
海　闻　北京大学深圳汇丰商学院　院长
徐少春　金蝶软件（中国）有限公司　董事会主席兼首席架构师
宫少林　招商证券股份有限公司　董事长
陈志列　研祥智能科技股份有限公司　董事局主席
辛　杰　天健集团　董事长
许锦池　深圳安盛华实业发展有限公司　董事长

影响中国的深商领袖（2010年）

马明哲　中国平安保险（集团）股份有限公司　董事长
马蔚华　招商银行股份有限公司　行长
任正非　华为技术有限公司　总裁
侯为贵　中兴通讯股份有限公司　董事长
王传福　比亚迪股份有限公司　董事长兼总裁
王　石　万科企业股份有限公司　董事会主席
任克雷　华侨城集团公司　董事长兼总裁
马化腾　腾讯计算机系统有限公司　董事长
徐少春　金蝶软件（中国）有限公司　董事会主席兼首席架构师
万　捷　雅昌企业（集团）有限公司　董事长

影响中国的深商领袖（2013年）

王文银　正威国际集团　董事局主席

影响中国的深商领袖（2014年）

汪　建　深圳华大基因科技有限公司　董事长

影响中国的深商领袖（2015年）

高云峰　大族激光科技产业集团股份有限公司　董事长

历届深商风云人物

第一届深商风云人物（2006年）

功勋奖

袁　庚　蛇口工业区　前常务副董事长

余彭年　深圳市彭年酒店　董事长

王　之　深圳长城开发科技股份有限公司　前董事长兼总裁

王世桢　招商银行股份有限公司　前行长

王殿甫　创维数码控股有限公司　前董事局主席

卓越奖

任克雷　华侨城集团公司　董事长兼总裁

马明哲　中国平安保险（集团）股份有限公司　董事长

马蔚华　招商银行股份有限公司　行长

王　石　万科企业股份有限公司　董事会主席

任正非　华为技术有限公司　总裁

张思民　深圳海王集团股份有限公司　董事长

于　剑　深圳水务集团　董事长

郑京生　深圳市盐田港集团有限公司　前董事长

叶旭全　深圳金威啤酒有限公司　执行总裁

麦伯良　中国国际海运集装箱（集团）股份有限公司　总裁

新锐奖

马化腾　腾讯计算机系统有限公司　董事长

朱保国　健康元药业集团股份有限公司　董事长

徐少春　金蝶软件（中国）有限公司　董事会主席兼首席架构师

李南峰　深国投有限公司　董事长

宫少林　招商证券股份有限公司　董事长

吴炯声　深圳新西湖股份有限公司　董事长

辛　杰　天健集团　董事长

沈汝铭　威豹金融押运股份有限公司　董事长

谭文志　长城开发科技股份有限公司　总裁

李晓平　卓越置业集团有限公司　总裁

第二届深商风云人物（2008年）

曾　南　中国南玻集团　首席执行官兼总裁

张学斌　创维集团　董事局主席、首席兼创维数码CEO

陈永弟　深圳市彩虹创业投资集团　董事长

黄世再　大中华国际集团　董事局主席

李爱君　深圳航空城（东部实业）有限公司　董事长

靳海涛　深圳市创新投资集团　董事长

朱亚萍　深圳京能集团　董事长

郁　亮　万科企业股份有限公司　总裁

杨　鹏　招商证券股份有限公司　总裁

万　捷　雅昌企业（集团）有限公司　董事长

第三届深商风云人物（2010年）

陈　劲　中信银行信用卡中心　总裁

刘权辉　深圳市永丰源实业公司　董事长

郑焯辉　深圳市劲力工贸公司　董事长

张耀华　亿和精密工业控股公司　总裁

杨　洪　深圳市航盛电子公司　总裁

欧阳泉　深圳市华丰世纪投资集团　总裁

萧　霞　深圳奥特讯电力设备股份有限公司　董事长

刘志雄　深圳市三诺电子公司　董事长

张崇弟　广东华美集团　董事长

袁雪萍　深圳市深旅国际旅游发展有限公司　董事长

第四届深商风云人物（2011年）

刘海宁　深圳居众装饰设计工程有限公司　董事长

张　伟　中科创金融控股集团有限公司　董事长

郭德英　宇龙计算机通信科技（深圳）有限公司　总裁

周国辉　深圳市怡亚通供应链股份有限公司　董事长兼总经理

卢　明　长城科技股份有限公司　执行董事

陈少群　深圳市农产品股份有限公司　董事长、党委书记

李永生　深圳巴士集团股份有限公司　董事长、党委书记

王　芬　中国南山开发（集团）股份有限公司　党委书记、董事

翟美卿　香江集团　总裁

林劲峰　盈信投资集团股份有限公司　董事长、执行董事

第五届深商风云人物（2012年）

钟百胜　腾邦投资控股有限公司　董事长
谢　敬　深圳雅图数字视频技术有限公司　董事长
陈少青　深圳市信利康供应链管理有限公司　总裁
李漫铁　深圳雷曼光电科技股份有限公司　董事长兼总裁
卢礼杭　深圳市水贝珠宝有限公司　总裁
黄澍新　信盈集团有限公司　董事局主席
游忠惠　深圳市海云天科技股份有限公司　董事长
饶陆华　深圳市科陆电子科技股份有限公司　总裁
祝俊明　深圳市粮食集团有限公司　党委书记、董事长
刘　水　深圳市铁汉生态环境股份有限公司　董事长兼总裁

第六届深商风云人物（2013年）

王文银　正威国际集团　董事局主席
朱鼎健　观澜湖集团　主席兼行政总裁
钟　华　深圳市万众城商贸建设有限公司　董事长
张育彪　深圳市南岭股份合作公司　董事长
马伟武　力嘉包装（深圳）有限公司　董事长
王翠霞　深圳康利工艺石材有限公司　总裁
李圣根　信义汽车玻璃（深圳）有限公司　执行董事
徐　航　深圳迈瑞生物医疗电子股份有限公司　董事长
魏　强　深圳市一达通企业服务公司　总经理
董有议　深圳市华旭科技开发有限公司　董事长兼总裁

第七届深商风云人物（2014年）

薄连明　深圳市华星光电技术有限公司　CEO

刘若鹏　深圳光启高等研究院　院长

范志全　深圳广田装饰集团股份有限公司　董事长

赵　剑　深圳市金证科技股份有限公司　董事长

梁球胜　深圳安琪食品有限公司　董事长

张　滨　本斯集团　董事局主席

黄德满　维也纳酒店集团　创始人兼董事长

黄华坤　深圳市左右家私有限公司　董事长

王亚莉　深圳市国富黄金股份有限公司　董事长

彭伟宏　深圳市奥康德集团股份有限公司　董事长

第八届深商风云人物（2015年）

高云峰　大族激光科技产业集团股份有限公司　董事长

陈劲松　深圳世联行地产顾问股份有限公司　董事长

叶　青　深圳市建筑科学研究院股份有限公司　董事长

马少福　深圳前海置富金融控股集团　董事局主席

赵心竹　深圳市中意集团有限公司　董事长

庄创裕　深圳市皇岗实业股份有限公司　董事长

张和平　深圳面点王饮食连锁有限公司　董事长

林武雄　深圳一德集团有限公司　总裁

黄小羽　深圳市邦德文化发展有限公司　董事长

周福新　深圳市嘉信福实业集团有限公司　董事长

第九届深商风云人物（2016年）

潘政民　瑞声科技控股有限公司　总裁

王富贵　恒富国际实业投资集团有限公司　董事局主席

兰华升　深圳市大生农业集团有限公司　董事长

刘年新　深圳市洪涛装饰股份有限公司　董事长

吴海军　深圳市神舟电脑股份有限公司　董事长

杨　毅　深圳天安骏业投资发展有限公司　总裁

叶家豪　深圳市奇信建设集团股份有限公司　董事长

郑伟鹤　深圳市同创伟业创业投资有限公司　董事长

吴　宪　深圳沃特新材料股份有限公司　董事长

詹西洲　深圳市雷诺表业有限公司　董事长

历届“深圳老字号”名单

第一届“深圳老字号”（2010年）

深圳市钟表配套市场有限公司　钟表市场

深圳市金斯泰投资发展有限公司　女人世界

东生源　东生源

亚洲眼镜　亚洲眼镜

深圳市明香饮食有限公司　明香

深圳市顶尖饮食管理有限公司　胜记

深圳市北海渔村饮食服务有限公司　北海渔村

丹桂轩饮食集团　丹桂轩

深圳市名人俱乐部　名人俱乐部

深圳市东海酒家　东海酒家

深圳市中国国际旅行社有限公司　国旅新景界

深圳市口岸中旅　口岸中旅

招商国旅　招商国旅

深圳市西丽湖度假村　西丽湖度假村

阳光酒店　阳光酒店

深圳市南海酒店有限公司　南海酒店

深圳市格兰云天大酒店　格兰云天大酒店

深圳市老地方酒店有限公司　老地方酒店

深圳新都酒店　新都酒店

华侨城洲际大酒店　华侨城洲际大酒店

深圳上海宾馆　上海宾馆

深圳京基晶都酒店管理有限公司　晶都酒店

深圳市友谊酒店有限公司　友谊酒店

深圳迪富酒店管理有限公司　迪富宾馆

深圳合口味食品有限公司　合口味

深圳市八马茶业连锁有限公司　八马茶业

深圳市福荫食品有限公司　福荫食品

深圳市喜上喜实业有限公司　喜上喜

深圳安琪食品有限公司　安琪食品

金威啤酒深圳有限公司　金威啤酒

天虹商场股份有限公司　天虹商场

新一佳超市有限公司　新一佳超市

友谊国际名店　友谊国际名店

深圳市岁宝百货有限公司　岁宝百货

华润万家　华润万家

华强北商业街　华强北商业街

东门商业步行街　东门商业步行街

深圳市首脑美容美发艺术有限公司　首脑

深圳市依贝佳美容科技投资有限公司　依贝佳

深圳市天长地久婚纱摄影有限公司　天长地久婚纱摄影

第二届“深圳老字号”（2011年）

深圳茂业商厦有限公司　茂业

深圳市千色店商业连锁有限公司　千色店
深圳布吉农产品中心批发市场永生参茸海味行　永生行
深圳香蜜湖好世界海鲜大酒楼有限公司　好世界海鲜大酒楼
深圳市漓江又一轩实业有限公司　漓江又一轩
深圳市伊兰实业发展有限公司　清真餐厅
深圳市影儿时尚集团有限公司　音儿（YINER）
深圳市禾信实业有限公司　禾信
深圳光华同方实业发展有限公司　金奖杯
深圳市清祺书文化产业有限公司　清祺书
深圳市艺华投资发展有限公司　艺华
深圳市艺美联家私实业有限公司　美联家私
深圳市南山区古风尚婚纱摄影店　古风尚婚纱
深圳市富安娜家居用品股份有限公司　富安娜
深圳市海大装饰有限公司　海大装饰
深圳市居众装饰设计工程有限公司　居众装饰
雅芳婷布艺实业（深圳）有限公司　雅芳婷
深圳市中航健身时尚股份有限公司　中航健身会
深圳迎宾馆有限公司　深圳迎宾馆
深圳粤海酒店企业有限公司　粤海酒店
深圳市职工国际旅行社有限公司　职工国旅
深圳市百丽雅美容有限公司　百丽雅
深圳博雅艺术有限公司　博雅
深圳市宝安区光明南粤光明乳鸽文化美食园　光明乳鸽
博士眼镜（深圳）有限公司　博士眼镜
深圳市宝安药业连锁有限公司　宝安药业

深圳市宝明堂保健品有限公司　宝明堂

深圳市神农氏生物科技有限公司　神农氏

深圳市曼哈商业有限公司　曼哈顿

深圳赛格电子市场　赛格

第三届“深圳老字号”（2012年）

深圳面点王饮食连锁有限公司　面点王

深圳市好百年家居连锁股份有限公司　好百年

深圳市赢家服饰有限公司　娜尔思

深圳市京鹏宾馆　京鹏宾馆

深圳市瞭望实业有限公司　瞭望书业

深圳市星光达珠宝首饰实业有限公司　星光达

南海油脂工业（赤湾）有限公司　金龙鱼

深圳市合成号食品有限公司　合成号

深圳广田装饰集团股份有限公司　广田

深圳市晨光乳业有限公司　晨光

斯达高瓷艺发展（深圳）有限公司　斯达高

深圳市红桂实业发展有限公司　宁波酒家

深圳市浩立信办公用品有限公司　立信

深圳市金活医药有限公司　金活

深圳市梁子时装实业有限公司　天意

深圳市仙娜美容管理有限公司　仙娜美容

深圳市晶晶投资发展有限公司　晶晶国际教育

深发工艺家私（深圳）有限公司　深发红木

深圳市真牌珠宝金行有限公司　真牌珠宝

深圳鹏爱医院投资管理有限公司　鹏爱

第四届“深圳老字号”（2013年）

深圳市嘉旺餐饮连锁有限公司　嘉旺

深圳市面粉有限公司　深圳面粉

深圳市洪涛装饰股份有限公司　洪涛装饰

深圳圣廷苑酒店有限公司　圣廷苑酒店

深圳歌力思服饰股份有限公司　ELLASSAY歌力思

深圳市华昌珠宝首饰有限公司　华昌珠宝

深圳市万众城商贸建设有限公司　万众城

深圳市中惠福实业有限公司　梵思诺

深圳市雅乐荟投资发展有限公司　雅乐荟

深圳市粮食集团有限公司　深粮

深圳市大盘珠宝首饰股份有限公司　嘉华珠宝

深圳国贸旋转餐厅　国贸旋转餐厅

深圳市永鸿钟表配件有限公司　SINOBI 时诺比

深圳市味奇生物科技有限公司　味奇

中联广深医药集团股份有限公司　中联大药房

深圳阳光医院有限公司　深圳阳光医院

深圳市中装建设集团股份有限公司　中装建设

深圳市麦轩食品有限公司　麦轩

深圳市恒波商业连锁股份有限公司　恒波Holpe

深圳市泰兴隆实业有限公司宜宾海鲜酒家　好当家

第五届“深圳老字号”（2014年）

深圳市左右家私有限公司　左右家私

深圳市国富黄金股份有限公司　国富黄金
深圳富临大酒店企业有限公司　富临大酒店
深圳市捷永星皇钟表有限公司　星皇
深圳国瓷永丰源股份有限公司　永丰源
维也纳酒店集团　　维也纳酒店
春满园饮食管理服务（深圳）集团有限公司　春满园集团
深圳衡韵丝绸服饰有限公司　衡韵
深圳市好家庭实业有限公司　好家庭
深圳市康达尔（集团）股份有限公司　康达尔
深圳市东鹏饮料实业有限公司　东鹏饮料
深圳市深运工贸企业有限公司　深运潮州粥
深圳市宝福珠宝首饰有限公司　宝亨达
深圳市新安企业有限公司　新安酒店
深圳市巴蜀风饮食管理有限公司　巴蜀风
广东望家欢农产品集团有限公司　望家欢
深圳市米兰新娘文化发展有限公司　米兰新娘
深圳富锦食品工业有限责任公司　富锦
深圳市唐颂服饰有限公司　唐颂
深圳市宝鹰建设集团股份有限公司　宝鹰

第六届“深圳老字号”（2015年）

深圳维华盛世唐宫饮食有限公司　唐宫
深圳市丑丑婴儿用品有限公司　丑丑
深圳东方逸尚服饰有限公司　欧柏兰奴
佳宁娜（深圳）投资有限公司　佳宁娜

深圳市雷诺表业有限公司　雷诺
华润怡宝饮料（中国）有限公司　怡宝
深圳学者科技文化发展有限公司　读者长廊
深圳博爱医院　博爱
深圳市丽琪服装设计有限公司　LIZZY
深圳市新梅园饮食策划管理有限公司　新梅园
光明集团光明鸽饮食发展有限公司　光明鸽
千禧之星珠宝股份有限公司　千禧之星
深圳市盛宝联合谷物有限公司　孟乍隆
健康元药业集团股份有限公司　太太、静心
深圳市翠绿首饰股份有限公司　翠绿
深圳瑞和建筑装饰股份有限公司　瑞和
深圳市嘉信装饰设计工程有限公司　嘉信
深圳市纬博咨询有限公司　纬博
深圳市一德堂医药有限公司　一德堂
深圳市铭可达家电连锁有限公司　铭可达

第七届"深圳老字号"（2016年）

深圳市国有免税商品（集团）有限公司　深国免
深圳市中航装饰设计工程有限公司　中航装饰
深圳市中意集团有限公司　中意橱柜
深圳市海雅商业有限公司　海雅集团
深圳世联行地产顾问股份有限公司　世联行
依波精品（深圳）有限公司　依波/EBOHR
深圳市叶子服装实业有限公司　艺之卉/EACHWAY

安盛华集团有限公司　安盛华

深圳市美术装饰工程有限公司　美术装饰

深圳市豪麟鞋业有限公司　豪麟

深圳市南联食品有限公司　南联

深圳市五谷芳乳鸽王饮食策划管理有限公司　五谷芳

深圳市爱康健齿科集团有限公司　爱康健

深圳市华辉装饰工程有限公司　华辉装饰

深圳市勘察研究院有限公司　深圳工勘

深圳市惠宝隆酒店设备用品有限公司　惠宝隆

深圳市圆方园实业发展有限公司　圆方园

深圳市伯尼实业有限公司　伯尼/BERNY

深圳市百年厨具有限公司　百年

深圳市佳田商业连锁管理有限公司　佳田

总策划/出版人：胡洪侠
策划编辑：孔令军
责任编辑：岳鸿雁
技术编辑：杨　杰　林洁楠
装帧设计：蒋南松

图书在版编目（CIP）数据

深商简史：1978–2018 / 老亨著. -- 深圳：深圳报业集团出版社，2018.9
ISBN 978-7-80709-862-1

Ⅰ. ①深… Ⅱ. ①老… Ⅲ. ①商业史 – 深圳 – 1978–2018 Ⅳ. ①F729.7

中国版本图书馆CIP数据核字(2018)第211668号

《我们深圳》文丛
《深商传：深圳创业史》
深圳市文化创意产业发展专项资金资助项目

深商简史：1978—2018
Shenshang Jianshi　1978—2018

老亨 著

深圳报业集团出版社出版发行
（深圳市福田区商报路2号 518034）
中华商务联合印刷（广东）有限公司印制
新华书店经销

开本：889mm × 1230mm 1/32
字数：260千字
版次：2018年9月第1版　2018年9月第1次印刷
印张：9.75
ISBN 978-7-80709-862-1
定价：68.00元